当王子爱上女巫

北京上河卓远文化传播有限公司　出品

当王子爱上女巫

苏友贞 著

河南大学出版社
HENAN UNIVERSITY PRESS

图书在版编目（CIP）数据

当王子爱上女巫 /（美）苏友贞著. —郑州：河南大学出版社，2013.9
ISBN 978-7-5649-1210-9

Ⅰ.①当… Ⅱ.①苏… Ⅲ.①随笔—作品集—美国—现代Ⅳ.①I712.65

中国版本图书馆CIP数据核字（2013）第093250号

出 版 人	马小泉
出 品 人	张云鹏　杨全强
责任编辑	张　珊　王明娟
封面设计	周伟伟

出　　版	河南大学出版社
地　　址	郑州市郑东新区商务外环中华大厦2401号　邮编：450046
电　　话	0371-86059701（营销部）　网址：www.hupress.com
制　　作	北京百川东汇文化传播有限公司
印　　刷	开封智圣印务有限公司
版　　次	2013年9月第1版	印　次	2013年9月第1次印刷
开　　本	850mm×1168mm　1/32	印　张	8.875
字　　数	184千字	定　价	28.00元

版权所有，侵权必究

（本书如有印装质量问题，请与河南大学出版社营销部联系调换）

目录

辑一　女巫的苹果

3　当王子爱上女巫
9　人人都要那只苹果
15　第一个女人
22　不结婚的大多数
27　一个都嫌多?
31　妖姬之歌
37　摇篮与轮船
42　读出迟暮之美

辑二　文艺女子

49　火石与韧钢
　　——"比格梅利安"神话的颠覆
57　废墟里的阳光

67　呼喊的女人
80　简·奥斯丁的画像
88　海蒂续篇
94　同时
　　——桑塔格的迟暮之歌
100　花岗岩的年轮

辑三　议论

109　意识形态与艺术之间
117　阿伦特的《心智生命》及中译的可能问题
124　意图的谬误
134　碎心人与驯马师
143　也谈《色，戒》里的性爱场面
155　背叛遗嘱的人
165　传记文学，文学传记
　　——从"海明威的中国之旅"谈起
174　假作真时真亦假
180　脱下理性的雨衣
184　斗牛士
189　身份与认同的政治
192　买一送一与二对一
196　民主里的"朝代"问题

辑四　微言

- 201　登山
- 205　自由的过程
- 210　姊姊妈妈的
- 214　希拉里传奇
- 217　爱看猫儿打架
- 220　妈妈自保书
- 223　色妇有疾
- 226　互异中的和谐
- 231　早谢的兰花
- 238　成长的声音
- 244　哪一种忠诚？
- 248　糖纸包裹的滋味
  ——香江旅居记一
- 255　故乡里的异乡人
  ——香江旅居记二
- 260　插头的画像
  ——香江旅居记三
- 264　未完成的巴别塔
  ——香江旅居记四
- 268　熙攘的人世
  ——香江旅居记五

辑一

女巫的苹果

当王子爱上女巫

童话式的爱情,永恒地在文学的想象里酿造着繁复的变奏。"公主与王子从此过着快乐幸福的日子",虽与真实有着遥远的距离,仍是人们最原始的梦想,偶在想象的领域中求得虚拟的满足。

不可讳言的是,上个世纪八十年代初期英国王储查尔斯王子与戴安娜王妃的婚礼,却的确是童话爱情故事所能有的、最辉煌的人间版本了。婚礼中的一景一幕,至今仍在人们的记忆与高科技复制的光盘上不断地重复上演:美丽的公主,英挺的王子,迤逦的婚纱,富丽古老的教堂,金色的马车,快乐地挥着手的金童玉女……如果生命可以定格,爱情的童话故事就在现实里有了真确的典范;如果人生能像童话一样没有续集,我们就能让它长留于人间。

但是,肉身的公主与王子所要面对的,并不仅是仰慕的民众与闪烁的镁光灯,嘉年华会的欢庆后,他们仍要面对华服褪去的彼此。因此,金灿婚礼才刚落幕,皇家婚事的龌龊细节,就琐碎传出,从地下小道的闲言闲语,爆发成八卦媒体的头条新闻。查尔斯与戴安娜的续集，以反童话式的剧情进行，不但发展成了一出荒谬剧，最后竟以悲剧做结：巴黎阴暗地下道一辆撞毁的轿车里，躺着奄奄一息的公主，身旁是她的现任情人，而婚礼中那英挺的王子，早已销踪匿迹。

十六年前上演的那则爱情童话，彻底被打破，碎片溅散在地下道污浊的油渍里。

戴安娜去世已近十年，世人对她的迷恋依然不减，墓地上终年有心碎之人带来的鲜花。悼亡者所悼念的，不只是红颜的命薄，也是那则爱情童话不堪的结局。但是，人们依然向往爱情神话的清纯情节，更想重拾碎片，以神话的原型将之补缀。在补缀成的故事里，永恒的公主戴安娜，必要保有她的天真，所以只能是一个无辜的受害者，她是不知情地吃了女巫毒苹果的白雪公主，在七个小人的呵护下，仍然等待王子的再现。

只是戴妃故事中的王子，不但不会再有出现的可能，且在公主睡去不久，就和故事里的"女巫"公开地同进同出。对于执迷童话情节的人而言，戴妃故事里的女巫，比所有童话中的巫婆都可恨，她不仅害死了公主，还侵占了王子。而对于王子竟会爱上女巫这前所未有的情节，人们除了愤怒之外，更是不解。他们完全不能明白，查尔斯王子为何会抛弃年轻貌美的戴安娜，而投入又老又丑的卡米拉的怀抱。对爱情的想象只有俊男美女那海报式的一度空间的人而言，卡米拉的魅力，除了巫术，还能是什么？而查尔斯对卡米拉的爱情，除了愚蠢，也不可能有别的解释了。

戴安娜在生前也尽情地浇灌着这样的情绪。她将自己与查尔斯婚姻的瓦解，完全归咎于卡米拉的介入，甚至说出了那至今仍不断被引用的名句："三个人在一起的婚姻太过拥挤。"她也不避讳对卡米拉公开抹黑，说她是一只凶暴的"猎犬"。于是，在戴安娜的言说里，是非似乎十分明朗，谁是受害者，谁是破坏者，谁是负心者，都被清楚地派定。卡米拉成了人民的公敌，应像古时候的女巫一样，被烧死在木桩之上。

然而，在执迷童话故事的人之外，我们也能遇到醉心于发掘童话反讽特质的人们，他们对于表象与真实间的张力格外敏感。本着表象不可被信任的基本态度，他们对于查尔斯与戴安娜形象上的完美，有着本能的怀疑。在企图颠覆童话故事的解读里，卡米拉于是有了不少的同情者。可以了解的是，这些成员中不乏中年以上的女子。比如有名的女记者芭芭拉·华特（Barbara Waters），就在 2005 年年底将卡米拉选为年度十大最有魅力之人。在男子一窝蜂地为年轻貌美的女子而离弃老妻的浪潮里，查尔斯的反其道而行，在这群人口中得到了格外的赏识与加分。依据相貌与年龄的二分法，这桩三角爱情，被解析出了两组对爱情的隐喻，卡米拉因为无貌，故代表灵魂之爱，戴安娜因为貌美，代表肉体之爱。霎时，这则童话有了道德的负载，拥护卡米拉者，将这则童话转化成为一个灵魂永远战胜肉体、内在永远优于外在的道德故事。

在个人历史上，查尔斯与卡米拉的相识与相爱，又确实是在戴安娜之先。当时因为卡米拉乃平民出身，不为皇室接受，而年轻的查尔斯又不愿效法温莎公爵，为爱情放弃江山，两人于是未能结成连理，却长年维持着亲密的关系。据说戴安娜成为王妃，还是卡米拉为查尔斯所做的圈选。所以同情卡米拉的人士，认为戴安娜才是第三者，介入了查尔斯与卡米拉这两位灵魂的伴侣之间。在以查尔斯为主角的神话解读里，这三角形被翻转成一个"追寻"的原型，像圆桌武士对圣杯的追索，伊阿宋（Jason）对金羊毛的寻求，或是奥德赛在特洛伊战争后的飘流与回家，查尔斯是企图从迷失中找回道路的英雄，他暂时被皇位与戴安娜所迷惑，而看不清自己爱情的原乡。迷途一圈后，他终于看清真爱所在，而能离开诱人的戴安娜，重返卡米拉，也就是重返真正的自我。在王子"找寻自我"的神话原型中，美丽的戴安娜反而成了真正的女巫，像《奥德赛》里唱着迷人之歌的海妖，迷惑着王子，不让他走上回家的路。

其实，戴安娜的悲剧，就在于她太执著于童话的字面意思，坚持要照剧本演好那个公主的角色。在这执著里，她失去了对爱情在童话向度之外的想象，而永陷于形象的一度空间里。据说，戴安娜自十六岁起就迷恋查尔斯王子，把他的照片挂在自己房间的墙上，偶像般地崇拜，也可能日日幻想能与影像中的王子重叠。她对查尔斯的感情，也因此跳脱不出名流崇拜的浅薄，因为粉丝对偶像的情感，通常终止于两个形象的重叠，却无法由平面转为立体。在这局限里，戴安娜对自己生命的憧憬，也就止于"公主与王子从此过着快乐幸福的日子"。她的用心全在如何赢得王子这件事上，因为童话故事写的都是这个过程，却从不描写赢得王子之后如何一起生活。当她发现婚姻出现问题时，她所能想出的解决之道，也只能由形象的一度空间出发。她寻求世界上最出名的设计师为她设计最新颖的时装；她担心自己的体态，不惜节食而患上厌食症；她找寻各种"新世纪"的涤清身体的方法，使自己永远是那清纯的公主。她却完全看不到她与查尔斯在心灵上没有交集，也没有想到要在两人不同的兴趣与人生态度上求取协调，所以当她意识到婚姻已无法挽回时，她也只能将之归罪于卡米拉那个女巫的介入。

以形象为悬念的戴安娜，对于媒体当然有着过人的运作天分，并不是刻意的操纵，但她本能地知道如何在摄影机前举手投足，如何用一双海蓝且充满易伤神情的大眼睛，赢得立即的同情。而她的悲剧也就在于这完全不是刻意的操纵，而是她自己先迷信了她在媒体中的形象。反讽的是，最终毁了她的，也正是她所迷恋也迷恋于她的媒体，那些对她爱恋到不能一刻放松的狗仔队，最终把她追向死亡。

卡米拉完全与戴安娜相反，她对形象置之不理，不但对时尚毫不注意，更只爱穿着自己觉得舒适的衣服。她在乡野中骑马打猎，做自己爱做的事，任由媒体对她的衣着品味做不止息的揶揄。但也就是因为卡米拉所顾全的是自身的自在，而不是他人的影射，她反而有着戴安娜一生都追求不到的自信。那份自信可能就是卡米拉的魅力所在，她的安然，给了一生都活在皇室虚伪繁文缛节中的查尔斯一种返璞归真的稳定之感。对于查尔斯而言，她是一个可以在火炉边说家常话的挚友，也是一个可以放任地在草地上打滚、而不在意自己衣衫不整的玩伴。卡米拉的那份安逸，是时时为自己身体不完美而焦虑的戴安娜永远不可能拥有的。卡米拉最终赢得王子，所依恃的就是那份超然，这也的确是童话中女巫的性格。女巫从不太顾全别人的意见与看法，所以在神话的文化诠释里，女巫常是智慧与知识的象征。

至于那个担负着双重"欠负"罪名的查尔斯，他的悲剧来自身为皇室成员却想过庶民生活的性格。他曾努力尝试演好王子的角色，因而违弃自己所爱，选择众人深爱且有公主形象的戴安娜。直到不快乐的婚姻使他了悟，他太低估爱情的重要性了，但他到底要比戴安娜幸运，能有最终赎罪的机会。难得的是，他尚留有接受自己的勇气，在戴安娜死后，独排众议，坚持与卡米拉结成夫妇，以予自己及他们之间的爱情第二次机会。

如今，查尔斯与卡米拉终于结婚了，令人担忧的仍是那童话的结局，谁能确定他们是否能从此过着快乐的日子？爱情常在阻挠与逆境中成长壮大，却在安稳与确定中萎缩死亡。婚姻和女巫的苹果一样的危险，它们看来都是如此诱人，一口咬下，竟都是那样的致命。

人人都要那只苹果

说起来,引起特洛伊战争的罪魁祸首,应该算到最懂搅局的艾瑞斯(Eris)头上。在男人互相残杀之前,她先挑拨出了一场女人之间的争战。而艾瑞斯之所以最懂得搅局,就因为她对女人的弱点了如指掌。这位别号叫做"纷争"的女神,是战神的妹妹,一向清楚地知道要在人类非理性的领域里,挑动哪一根神经,才可以引起最强的共振。要引发女人间的互斗,最有效的,就是论断她们的容貌。只要扯上了容貌,女人会百分之百地表现出激烈的奋不顾身。这与智能、学识、社会地位或是财富都无关。女人即使坐拥天下最大的权势,取得天下最深的智能,一旦提起自己的容貌,都将不约而同地退回到最原始与最本能的焦虑之中。

话说那年众神共赴斐利尔斯(Peleus)与赛蒂丝(Thetis)的婚宴,所有男神女神都得了请帖,唯独艾瑞斯没有。一气之下,她决定使出制造纷争的看家本领,前去大闹一番。在众神酒酣耳热之际,她突然对着杯盘狼藉的餐桌,丢出了一只金苹果。

如她所料，会场顿时大乱，在场的所有女神立即不顾一切地扑向那只苹果，也顾不了自己身上穿的漂亮晚礼服，或是宴会上该有的矜持礼仪，更不用说是在抢夺中打伤其他的女伴了。这倒不只是因为女人对苹果有着某种天生的偏好（你看夏娃不就为了苹果引出了世人的罪恶），而是因为艾瑞斯丢下的这只金苹果不是普通的苹果。这只引起风波的金苹果，上面写着这样的字句："给世上最美的女人。"

艾瑞斯完全得到了自己想要的效果。放眼会场，拖拉着晚礼服、打散着头发拼命抢苹果的，竟然也包括了最有权势的赫拉（Hera），最有智能的雅典娜（Athena），以及最懂得爱情的阿佛洛狄忒（Aphrodite）。然而这些超凡的女神，在爱美的虚荣面前，却完全丧失权力与智能所能给予的支柱，竟无异于其他大小女神，都拼命地要做世上最美的女人。

下面的故事是大家都知道的了。胆小的宙斯怕触怒任何一位女神，于是选派年轻英俊的派瑞斯（Paris）作为选美的裁判，在赫拉、雅典娜、阿佛洛狄忒三位女神中选出最美者。而在三位急切的女神所给的贿赂——赫拉应允使他成为最有权力的人，雅典娜应允使他成为最有智能之人，而阿佛洛狄忒则应允给他世上最美的女子——中，派瑞斯毫不迟疑地选择了阿佛洛狄忒，而与特洛伊的有夫之妇海伦私奔，引起了希腊与特洛伊之间长达十年的战争。

看来，在美女的前提下，男子也不见得强过女子，女子拼命要做那世上最美的女人，而男子一提起天下最美的女人就可以不要智能也不要权势。其实派瑞斯要是能够维持冷静，稍稍用他尚可的智商，也可以算计出选择赫拉而成为世界上最有权势之人，不就是得到世界上最美丽女子的手段吗？显然在美色的诱惑下，他看不到这一石两鸟的策略。

虽然我们都了解，女人的美貌可以暂时瘫痪所有男人与女人的理智，但是赫拉和雅典娜——尤其是雅典娜——与其他平凡的女神一起抢苹果的镜头，还是令人非常灰心的。这似乎证实了所有两性平等的讲话都是徒然。女性对容貌的心结是如此的根深蒂固，就算争取到了权力，自修到了智能，到了节骨眼上，女人真正所要的，还是对自己美貌的认可。也无怪乎要讨女人欢心——不管这位女子是总统还是大学校长——最快速的方法，就是对她的容貌多多献上谄媚之辞。同理推之，打击女人最有效的利器，就是说她长得丑。此语一发，这位女子——不论她有多少的权势或多少的智能——必定立刻瓦解，她不仅实时心碎，并且会非理性地觉得自己真的一无价值。

李敖就曾在台湾的"立法院"上做过这样的示范。在一次辩论中敌不过另一位女"立委"时，他就使出了这项利器，而在大庭广众之下大声说那女"立委"长得很丑。而如我在上文所预言的，这位女"立委"闻言立即崩溃。她不但不能学习某位男星涎着脸说"我很丑但我很温柔"的榜样，不动声色地说"我很丑，但我比你有理"，反而竟立刻变得自怨自艾起来，还说那天她只是没有把头发打点清楚等等，俨然像在为自己的不美抱歉。

也许我们不该太苛责这位女"立委"，到底连赫拉那样有权势，以及雅典娜那样有智能的女神，都曾为了一只金苹果，而不顾尊严地与众小女神扭打成一团。不过台湾"立法院"的这出闹剧，好像却超过了理智"暂时"的瘫痪。那位女"立委"的丈夫竟在事发的第二天站出来和媒体讲话，倒不是谴责李敖的野蛮，却是告诉众人自己觉得妻子很美。顿然间，这位女"立委"的美丑成为了议题的中心，却没有人想到要制约那位在"立法院"里撒野的人。可见女子美貌这个议题所暗藏的杀伤力，并没有因为特洛伊战争的教训而终止。它的颠覆性与震撼力是如此之强，以致我们会离谱地无视李敖的嚣张行为，却专注地讨论一位女"立委"的美丑。也无怪乎我们的社会里至今仍充斥着那些只能一度空间地以容貌来衡量女人的男人，在辩论上争不过女人的时候，他们或说那女人长得丑（因为在他们的心中，敢与男子论长短的女人都是丑恶的巫婆）；或是自比孔老夫子，而清高地说"唯女子与小人为难养也"。

　　爱美本是无可厚非之事，难道智能女神雅典娜不应该期望自己是一个又有智能又美丽的女子吗？或说那使众神之父宙斯吓得发抖的赫拉，不应在权势之外也向往美丽吗？问题在于多数女人所追逐的美丽，并不是自我内在所印证的美丽，而是永远需要他人认可的美丽，尤其是要被男子认可的美丽。面对自己是否美丽的问题，女人永远没有安全感，因为她们所仰仗的是来自外在的认同，所以她们会那样惶惑不安地时时需要别人的肯定。白雪公主那位美丽的继母，对自己的美丽是如此的不放心，所以需要不厌其烦地拷问那面镜子。只有不断地听到自己是世界上最美丽的女人，她才能安心度日。当那镜子说出了白雪公主的名字时，皇后顿然失去了生命的意义，而必须对白雪公主使出杀手。

无法拥有来自内在的、对自己美丽的自信，女人才会不断地需要那只金苹果、那面镜子，甚至像李敖那种男子的赞语。

恒久依据外在价值的存在，是一种物化的过程，也就是将自己从一独立自主的主体，转变为一永远要凭恃他人定夺的客体。女人需要他人肯定自己美丽的诉求，亦是这样的一种交出主权的过程。在这过程中，她们不能自控地追求着那只金苹果、那面镜子，或是她们其实并不怎么尊敬的男子口中的赞辞。其所造成的结果从可笑、不堪到恐怖——平日事事干练的女"立委"突然变得嗫嗫嚅嚅不明事理，美丽的皇后成了谋杀犯，充满智能的雅典娜愚蠢地去抢那选美的后冠，愤怒的赫拉为了复仇挑拨出了特洛伊战争中种种的苦难。

值得庆幸的是，女人也有觉醒的时刻。物极必反，在这令人沮丧的宿命论的笼罩下，女子的智能之光偶能穿透那密布的乌云，把"女为悦己者容"的迷思改写成充满自我尊严的"女为己悦而容"。以打猎及野外活动著名的女神戴安娜在另一则神话里，就为女性做了最彻底的复仇。

奥维德（Ovid）《变形记》（*Metamorphasis*）中，戴安娜不但没有迷惑于称赞她美丽的言辞，还把那有眼无珠只把她当成爱欲对象的阿克顿（Actaeon）变成了一只鹿，让他被自己豢养的猎犬追逐，最终被撕成碎片。阿克顿在森林中看到了裸浴的戴安娜，而像多数的男子一样，他只把戴安娜看成是满足自己欲望的女体，而看不出她其实是一位勇武的女猎人。在文学上，阿克顿从此象征着被自己欲望吞噬的悲惨后果。他其实是漠视女子灵魂的反面教材,是对那些只见到女子外貌的美丑,而见不到女子内在才华的男子的一种警示。

戴安娜的决绝,带给我们一丝希望。女子对自己美貌的沉溺并不是无可救药的。当她意识到自己已被变为一个对象时——即使那可能是对她美貌的肯定——她仍能有着足够的智能,采取反击,所要攻击的不只是那男子,也是那要依恃男子的自我。而被变形的,并不只是阿克顿的外在,更是女神自己的内在。

第一个女人

"男先女后"的概念，似乎早在原始神话中就被确定。西方传统神话讲到男女存在的顺序时，总把男人放在前面。《旧约圣经》说神先造了亚当，才想到造夏娃。希腊神话里虽没有单一的造物神，但在它的"创造"体系中，男人是与万事万物一起生成于太初混沌，女人却是后来才被造出。这样的故事不只在强调女人"后到"的身份，更隐射着女人并不是宇宙原初的设计，是事后想到才添加的"附属品"。

神话的作者既然认为女人的存在无关"第一因"，那么女人的创造，必要以某种用途及目的来合理化吧！照理说，最明显的应是女人生育繁衍的功能了。但奇怪的是，神话在描写天地第一个女人的时候，却对此着墨不多，反而讲述了许多无关生殖的事。比如说，夏娃在《旧约圣经》中最为"显赫"的事迹，倒不是作为天下之母的地位，而是偷吃禁果的丑闻，她也因此成为了人类苦难的源头。要不是因为夏娃贪食被神禁止的苹果，人类到现在可能还快快乐乐地生活在伊甸园中呢！亚当虽然也吃了，但他是受夏娃鼓动，错不在他，错全在夏娃。

希腊神话讲述宙斯创造第一个女人的原因时，也不提繁衍后代，而直接就说宙斯创造女人，不为别的，就是为了要惩罚人类。希腊神话中第一个被造出的女人潘多拉（Pandora），就是那个打开"潘多拉的盒子"（Pandora's box）而释放出人世间所有邪恶、痛苦与祸患的罪魁祸首。

令人惊心的是，希腊与希伯来这两个西方最重要的传统，在讲述第一个女人的故事时，居然都不约而同地把女人视为人类灾难的来源。似乎，女人繁衍后代的功能，反而不及她作为顶罪者的用途来得重要。这些神话故事当然也给了后世一个方便的借口，在高呼"一切都是女人惹的祸"时，男人心安地觉得自己是有着宗教与神话上的立足点的。

比较起来，《旧约圣经》比较圆滑，为了"公平"的表象，它对夏娃的谴责并不是先设的，而是让夏娃先有犯错的机会，再名正言顺地指出"都是夏娃惹的祸！"当初神造夏娃，实是出于一番爱惜人类的善意，他也只是想要给亚当一个帮手而已，然而不争气的夏娃，却禁不起蛇的诱惑，不但自己吃了苹果，还叫亚当也吃，才导致了全人类的堕落。但是夏娃的软弱与禁不起诱惑，不也是神的设计吗？如果女人先天就比男人愚蠢，或是比男人贪吃，那似乎也是造物者的偏心，他为什么不能给予女人和男人同等的坚定呢？基于夏娃有限的自由意志，我们很难决定，夏娃是咎由自取，还是神早先就决定好了要用女人作为"罪恶的挂钩"。

和《旧约圣经》比起来，希腊神话在对女人"欲加之罪何患无辞"的企图上就更直接了（因此好像也比较诚实一些）。

它省去了那些让女人先犯罪的弯路，理所当然地表明女人是人类的诅咒，她的出现本来就是对人类的惩罚——那时的人类当然只有男人。女人的出现，就是祸患的开始。

至于宙斯为何要处罚人类（男人），前因后果说来话长，这牵扯到了宙斯和普罗米修斯（Prometheus）之间的恩恩怨怨。普罗米修斯骗神吃了较差的祭祀之肉，而把好肉留给人类，他后来又盗了宙斯的火种给人类等等，总之，普罗米修斯惹火了宙斯。宙斯除了把普罗米修斯绑在高加索山上让秃鹰天天啄食他的肝脏之外，也决定要处罚他所爱的人类，就像有人报仇，折磨仇人还不够，还要虐待仇人的小猫或是小狗。

因为创造论的色彩极淡，赫西俄德（Hesiod）的《神谱》（*Theogony*）几乎没有"创造"的故事可言。太初有道，众神与男人一并存在，只有女人缺席。潘多拉的被造，是《神谱》中少有的几桩创造神话。这绝不在表彰女人的特殊，而是要暗示女人"另类"与"非自然"的本质：女人和男人本属不同的族类，而男人的存在，因为与宇宙同步，所以有着较高的合理性。这表现出了希腊传统对女性更强烈的排斥。在《旧约圣经》中，夏娃至少还是由亚当身上取出的肋骨所造，所以还与男人同质，潘多拉则完全造自不同的材料。

《神谱》对潘多拉的创造，只约略提及，真正的细节，是写在赫西俄德另外一部著作《工作与时日》（*Works and Days*）中。"潘多拉"这个名字，也只见于《工作与时日》。在希腊文中，"潘多拉"有着"来自各方礼物"（gift-of-all）的意思，而她的确是各方礼物的合成，因为她的创造是众神皆涉入的"集体"活动。根据赫西俄德的叙述,宙斯要求奥林匹斯的打铁匠海菲斯德斯(Hephaestus)造一个陶土的女人,然后由东、西、南、北风一起对着陶土吹气,使她有了生息。奥林匹斯山上的女神再像给纸娃娃穿衣似的——赐予这女体以美丽的饰物。潘多拉顿时成为了人见人爱的美女,然而在美丽的外貌之下,她却有着唯恐天下不乱的淘气性情。这种性情加上极强的好奇心,使她成了一位危险人物。最终她敌不过好奇心的驱使,而打开那只盒子,在原本美好的世界中,释放出了各种邪恶。根据赫西俄德的叙述,盒里原本并不全是坏东西,藏在各种恶行之下的还有"希望"这个对象。不幸的是,当潘多拉眼见自己闯下大祸时,急急关上盒子,硬把"希望"关在盒子里,不能得见天日。这是对女人的双重谴责,她因好奇释放出邪恶,又因惊慌,而把"希望"那唯一的解药,永远地锁在盒内。所以女人不只是麻烦的根源,也更是"希望"永远被埋葬的原因。

由传统神话对第一个女人所表现出的敌意看来,两性间数千年来持续的争战与误解,也就不足为奇了。然而,这些故事所透露的仅只是单纯的"仇恨女性"的情绪吗?男人编造这些故事时,只是为要发泄仇恨女性的情绪而故意抹黑吗?在此值得提醒的是,神话都是男性写的,它们所表现的当然也是属于男性的心理。

如果用荣格(Carl Jung, 1875—1961)"原型"(archetype)的心理理论来解析这些女人被造的神话,我们也许可以看得到,埋藏于这些神话之下的,是比"仇恨"更复杂一些的心理状态。

在繁衍与传宗接代的功能里，男人少不了女人，他们必须要靠女人才能生出子嗣（儿子），而子嗣决定着财产的继承与家族的延续，所以对他们是极其重要的。换句话说，男人的命运因为依恃着子嗣的存在，所以完全被女人掌控。对此，他们没有任何的控制，也因为失控而生出焦虑，焦虑延伸成为对女人深切的怀疑。在欧里庇德斯（Euripides）的剧作《美狄亚》（Medea）中，伊阿宋（Jason）就曾幻想着如果不必透过女人就能有儿子，那该是多么美好的事。所以与其说神话对女性的负面写像，代表着男人仇视女性的情绪，倒不如说，这些故事写的是他们自己对不确定的恐慌。

在荣格原型理论的语境里，潘多拉的故事还有一个十分相关的细节，值得我们注意，那就是我们一般所说的"潘多拉的盒子"，其实是出自误译。赫西俄德在《工作与时日》中所用的字是pithos，这是一种小口大腹用以存放食物的容器，而不是四方形的盒子。这个误译可能出自十六世纪的伊拉斯模（Desiderius Erasmus of Rotterdam）之手，他如果不是误解了这个希腊字，就是把潘多拉的故事与赛琪（Psyche）的故事混在一处了。

将"潘多拉的盒子"改为"潘多拉的瓦瓮"，在视觉上，这个小口大腹的容器，使人立即有了子宫的联想。此外，"潘多拉"这个名字在希腊文中，除了上述"来自各方礼物"的意思之外，也有着"给予所有"的意思，亦即是那抚育万物的地母的代称。因此,潘多拉打开盒子释放出邪恶的举动,可以合理地被看成是女人生产的隐喻。在这样的诠释下,潘多拉的故事所讲述的,可能就不再是一个恶意的女人释放邪恶以加害人类的寓言,而是一个有关生育与人类苦难的寓言,也就是说,生即为苦,新生命的到来,亦即是所有磨难与痛苦的开端。借着潘多拉,神话作者所表达的也许不尽是对女性的谴责,而是对生命本质的疑惧。

至于那被锁进盒底(深埋于子宫)的"希望",正象征着生命之谜,也是使人明知生命之苦,却仍不断繁衍子嗣的原因。在此"希望"(elpis),更正确的翻译可能应是"期望",因为期望可有正反两种结果,更能描绘生命模棱的本质。"期望"可以是驱策人们达到目标的好事,但执意于永远不能满足的"期望",却可能是痛苦的根源。那从子宫中释放出的新生命,可能是苦难的开始,也可能是人种继续生衍的希望。所有的生命因而都是福赐与符咒的混合。

神话到底是出于人的创造与书写,记录者虽然只是收集散布各处的神话,但他对故事仍有"人为"的影响。克雷夫斯(Robert Graves)在他的经典之作《希腊神话》(*The Greek Myths*, 1955)中就曾指出赫西俄德所讲述的潘多拉的故事,并不是"真正的神话",而是当时流行的反女性的寓言,甚至可能是赫西俄德自己所编纂的。但是现有的神话不管来源为何,却都是男性的叙述,我们因而可在这些神话故事的后面,读出男性的焦虑与隐忧,恐惧与挫折。

作为现代女性,我们难免时时幻想着一部女性书写的神话。如果对生殖的焦虑是男性书写第一个女人的灵感，那么女性将会如何叙述男性被创造的根由？如果与混沌并生的是女性而不是男性，那事后才被造的第一个男人，会是在何种情况下被设计？模仿宙斯创造女人以处罚男人的故事线，我们将如何书写一个类似的、众女神创造男人以处罚女人的故事？

手痒的人也许可以写出这样的一个版本：

"一日众女神聚首于奥林匹斯山头，谈起个人忧心的话题，也都不外是男神引起的麻烦：赫拉说宙斯又有新欢，雅典娜细叙一桩男人的蠢行，迪米特哭诉宙斯如何不经她的同意，就把女儿波莘芬妮嫁给了地狱之神……在高昂的情绪中，她们朝山下望去，却见世间女子快乐地度日，人间充满一片欢笑和谐。

'太不公平了！我们身为女神，却还不如凡世的女人。'赫拉愤愤不平地说。

'那全是因为世间没有男人，她们才可能那样的无忧无虑。'智能的雅典娜立刻点出因果。

众女神皆百感交集，不平与嫉妒相互冲撞，在激动中，她们当下决议，要在人世间造出第一个男人，才能扳回一城，使世间女子和她们一样受苦受难，因为男人而头痛烦恼，如是，第一个男人被造于人间……"

不结婚的大多数

邻居的女儿苏珊和她的男友比尔，从高中起就要好，两人住在一起快五十年了，还是如胶似漆，但他们就是不肯结婚。原因无他，只因为苏珊对婚姻制度有着本质上的仇视，她认为婚姻与爱情根本无关，只是为维持社会规范而设立的一种制度。所以她常耸人听闻地说，婚姻只能贬低她和比尔之间的爱情，好像彼此不能确定对方的感情，还需要用州政府开的证明，像契约一样地把彼此绑在一起。苏珊和比尔在没有婚姻约束的情况下，爱则聚不爱则散，竟如此厮守了半个世纪，大概也证明了他们之间自发与真实的爱情（两人并不是必须在一起，而是想要在一起）。在苏珊的价值观里，爱情只能是这样的，其他的形式都只能算是妥协。

比较开明的朋友听了苏珊的故事，都暗自佩服她的勇气，虽然同意她的想法，多数人却无法将这样的理念付诸实践。保守的朋友听了苏珊的故事，极端地不以为然："啊！典型六十年代嬉皮的想法。"苏珊和比尔的确成长于六十年代，当然受了那个年代在两性关系上叛逆思潮的影响。但是不管给苏珊戴什么样的大帽子，在对婚姻追根究底地质诘后，我们似乎也不得不同意她部分的立场。只要愿意暂时放下传统的框架，而对婚姻制度稍作思索，多数人都不难看出婚姻与爱情之间的巅颠关系，如苏珊所说的，婚姻与爱情之间，其实并无必然的关系存在。

我最近读到的一本书，就用了二百多页的篇幅论证苏珊的立场。这本书出版于2003年，书名是《反爱情：一则辩证论法》(*Against Love: A Polemic*, Pantheon, 2003)。作者克普尼斯 (Laura Kipnis) 任教于西北大学的社会学系。她循序六十年代桑塔格 (Susan Sontag) 所写《反诠释》(*Against Interpretation*) 的脉络，用了比桑塔格更为锐利与机智的方式，对传统婚姻制度提出各种控诉（就如桑塔格对坚持"意在言外"的阅读姿态所做出的挞伐）。不过这书名初看之下，却有误导的嫌疑，作者要反的是婚姻，而不是爱情。而要反婚姻的最大理由，是为了维护爱情，因为依照作者的说法，婚姻乃是摧毁爱情的最快速与最有效率的杀手。但"反婚姻"(Against Marriage) 却不能成为一个好的书名，不仅因为在音韵上不中听，且在意义上引发了女性主义抗暴宣言的联想，太过平俗。"反爱情"的震撼效果就大多了。所以，书名中的"反爱情"比桑塔格的"反诠释"有着更为曲折的意义。此中的"反"并不是作者的态度，而是她对婚姻的控诉，也就是说婚姻最大的罪行，就在于它是与爱情背道而驰的。

和苏珊一样，克普尼斯也认为一夫一妻的婚姻制度，与爱情毫不相关，纯然只有维护社会安稳与秩序的功能，所以只是一种权力制衡的机制。愿意安分遵循婚姻规则的男女，可以用他们结婚的行为换取到社会的筹码：包括社会地位、税务的福利、与子女生活的稳定等等，所以婚姻在实质上是一种权力的授受，是权力阶级以收买的方式，鼓励有利社会安定的行为。因为只是一种社会机制，所以必随社会的演变而有更移，婚姻制度因而没有恒常的意义。从前男人可以三妻四妾，女人结婚时要发誓服从丈夫，七十年代以前，不同族裔甚至不能合法地在美国结婚等等。也因为这因时因地制衡的权宜性，婚姻失去了必然与绝对的道德内容，而不能作为道德的准则。规范（或是习俗）不等于道德。所以把不结婚只同居斥为不道德的指控，并没有真正的道德意义，那只是一项违背"习俗"的行为而已。

《反爱情》一书的作者不仅认为婚姻在本质上无关爱情，而只是稳定社会的一种制度，她甚至认为婚姻是违反人性的，因为婚姻的要求，完全与人类对爱情的憧憬背道而驰。对于异性，人天生有着强烈的对新鲜感的欲望，因而永远有着探索其他可能的饥渴，要求一对爱侣（不论他们在某一时刻里多么相爱）终生心无旁骛地厮守一处，就等于对他们宣布情感终生监禁的判决。为要履行传统婚姻的制约，人们必须在情感上做某种程度的自我麻痹，而也正因为情感上的麻痹对社会的稳定是有好处的，所以婚姻制度才能达到它稳定社会的功能。但在情感生活的实现上，婚姻却是最不合理的牢狱，使人必须在情感上处于半死不活的状况。

那么我们敢不敢想象一个没有婚姻制度的社会是什么样子

呢？它是否真是保守人士所深恐的天下大乱？如果每个人都像苏珊和比尔那样，合则聚不合则散，这个社会是否终将破散流离？但破散流离是否就一定比情感的僵死要糟糕呢？事实上，自从离婚不再是一种禁忌之后，我们在短时间内看到了离婚率的激增。这是否也是婚姻制度本身不合理的旁证？虽然保守人士认为离婚率的高涨所揭示的是道德的普遍沦落，故企图借由不同途径将之强化，《反爱情》一书的作者却相信，多数人不能白头偕老的理由，无关道德，而是由于婚姻制度先天的不合理，所以她一再强调，爱情的精髓是它的自发性，需要"努力"才能维护的，就早已不是真正的爱情了。

其实，苏珊与克普尼斯教授的意见，并不见得是离经叛道的极少数，最近一则热门的新闻，印证着她们的论点已逐渐普及。2005年美国人口普查结果报告中的一项统计数字，成为最近几个星期中最被谈论的新闻，也是《纽约时报》网站上最被传播的故事：在2005年，有婚姻存在的家庭首次降到了百分之五十以下。也就是说，美国半数以上的家庭，都无传统婚姻的核心。虽然在四十岁到六十岁的人口中，婚姻人口仍占多数，但在YZ新世代群里，同居而不结婚却已成了大多数人的选择。也许在众多社会禁忌终于解严后，新生代才能开放地思考婚姻制度真正的意义，结论使他们普遍对传统婚姻提出了质疑，于是他们不愿像他们的父母那样乖乖地服从就范。除了哲学与思维上的叛逆外，现今社会的新结构，也促使着婚姻之外的两性关系成为可能。女性就业人口激增是其中最大的一个因素。由于经济独立，婚姻不再是女性安身立命的唯一出路，而有了另寻较为合理安排的动力。在男女有同样经济能力的现代，婚姻已失去了它的经济意义。唯一仅存的禁忌，只剩下未婚对子女可能造成的伤害。所以考虑下一代的福祉，成为多数年轻人选择结婚的唯一理由。但是，在离婚率高涨的今日，多数子女最终仍要面临父母离异的状态，这唯一约束的消失，亦是指日可待了。

也许有越来越多的男女，像苏珊及比尔一样，追求着情感的实质满足，而不仅是婚姻生活的安稳。为了真实与自发的爱情，他们情愿不要婚姻所能给予的安全与保障。老一辈的人，可能要因结婚率的低迷与离婚率的高涨，而悲叹人心不古，或以为现代的年轻人不如他们快乐。事实上，结婚率或离婚率都不是可靠的快乐指数，或情感生活的标杆。一个保守的社会可以极力标榜它极低的离婚率，但我们都深知，那并不代表快乐：陷在不快乐的婚姻中而不能离去的人，在情感上并不见得都是快乐的；有着累累离婚记录的人，在情感上也并不见得就是比较不快乐的。

一个都嫌多？

人口政策与重男轻女的观念，在中国内地造成了男女不平均的现象，社会学家开始担心男人娶不到老婆而可能引起的社会不安。长久被轻视的女性，难免不对这样的发展生出幸灾乐祸的心情。女人终于翻身而成了稀奇宝贝！

一天，几位好奇的美国女友问起这事，我在得意忘形的心情下，提出了这个语不惊人死不休的解决之道：

"可以实行多夫制啊！"

我正为自己的创见洋洋得意的时候，一个冷冷的声音从角落传来：

"谁会想要多夫？一个都嫌多了。"

顿时，屋内响起了一片会心的笑声。

的确，除了争平权、想报复时偶有的冲动之外，平心静气下来，有多少女人会想要复数的配偶？一个还不够折腾，谁会想要去找那多夫的麻烦？

看来坐拥多重配偶的欲望，是纯属阳性的。这不知该溯源到生物进化论的原理，还是阴阳荷尔蒙的迥异。

我指的并不只是生理层面，或是生活中女性必要照顾男性的不公平，我指的是男女情感质地的根本不同。女人天性牵绊，命定甩不掉死心塌地的愚忠、牺牲自我的奉献，以及夙夜匪懈的投入，如果日日要与几个不同的男人周旋缱绻，实在会有神经崩溃的危险。男人在情感上却似乎有着消受多重来源的天赋，因此可以彻底享受齐人之福，即使是有三千女人的宠爱在一身，也丝毫不会造成负担。

　　当然除了"从一而终"与"人尽可妻"这在数量上的不同态度以外，男女对精神与肉体之爱的比重分配，也有着天壤之别。男人绝对需要形体的出席在位，只有"此时此地"的情感算数。女人却可以不必朝朝暮暮，能在无形的精神层面感受爱情。这不同的诉求，可在男女丧偶后是否急急再婚的行为之上看出。男人丧妻之后，通常立有再婚的急切，他们很难在没有女人的状况之下生活。相反的，女人少有那种急切，多数也真的守寡至终。前阵子《纽约时报》刊出一篇社会学家研究鳏夫寡妇再婚行为模式的报道，刊出的统计数字，完全是我们所预期的：鳏夫再婚不仅在数字上远远超过寡妇，更在速度上遥遥领先。这篇报道以斗大的标题总结研究结果："女人伤逝，男人换新！"（WOMEN GRIEVE, MEN REPLACE！）。

　　犬儒一点的人可能要说，这与情感质地无关，完全是市场供求现象的反映。在老夫少妻被视为正常、老妻少夫被视为是伤风败俗的社会风气下，男人丧妻后，选择伴侣的可能性依然兴旺，女人除了和自己年龄相仿的老男人外，别无选择的余地，而在女人寿命长于男人的情况下，老男人的人口是极端有限的。这当然是一个十分现实也十分合理的推论，但追根究底，女子选择寡居，并不见得真是不得如此，而是执意要如此。她们不愿再婚的真正原因，就是出于我那位冷静的朋友所说的"一个都嫌多"的心情。这显现在美国人口普查的结果里。

2005年美国人口普查的结果显示，美国单身女性已经成为多数，占女性人口的百分之五十一。与2000年的数据相比，这是惊人的百分之四十九的成长。造成这增长的原因很多：年轻一代晚婚，选择同居而不结婚，妇女较长的寿命制造出更多的寡妇人口，当然还有就是离婚率的高涨等等。然而单身女性的比例远超过单身男子的原因，却依然可追溯到男女再婚率的差距。这种差距显现在离婚与丧偶的两种情况里。被访问的女子所最常提出自己不愿结婚或再婚的原因，竟然都是那"一个都嫌多"的变奏。有中年丧偶的妇女表示，庆祝自己迟来的自由都来不及，哪里愿意再钻进婚姻的束缚之中："我花了几十年的时间照顾别人，好不容易有了可以好好照顾自己的机会，我怎肯放弃？"

当然，能有这种"迟来的自由"也是一种幸福了。我们不能小看这种自由的价值，有人生时不能得之，竟也立意要在死后争取。几年前就曾有过一位日本女子，公开要求死后不要葬在夫家的墓园，据新闻报道，她曾愤懑地说，一生奉献给丈夫已经够了，她希望死后能得到属于自己的安宁。没想到这位妇女的讲话竟触动了全国的神经，一时成为一种社会运动，成群结队的女子，站出来表示同样的态度。这是日本女子压抑情结的突然爆发，既然无法战胜封建社会的压迫，只能要求死后的解脱。说来当然也是十分可怜的，她们能争取到的，也只是死后的一丁点尊严，以及那只有象征意义的独立。

看来我那多夫制的幻想，是很不切实际的，也绝对不可能只因男女人口不平均就能在中国社会里轻易实现。因为它所牵引的，不仅只是与天然生理及情感的背道而驰，也是对文化根基的动摇，恐怕还牵扯到了对语言的革新。比如说，我们能在多夫制里找到"三妻四妾"的相对词汇吗？"妾"这个字可能有阳性的对等吗？"妾"——站立的女子——完美地描述了小老婆随侍在侧的地位，但我们有可能造一个"站立的男人"这样的新字吗？可能性极小。倒不是因为这样一个字会很难看（其实在中文里，"男"字很少做偏旁，总是独立存在），主要是因为女人与生俱来的母性，使她绝对不能忍受自己坐着别人站着，一生以照顾他人需要为先的本能，使她马上会去搬一张椅子叫她的男人坐下。有男人随侍在侧，女人只会坐立难安，怎可能去消受那"三夫四立男"的福分？这是女人自己不争气的地方，不能归罪到男人头上。好在女人多有自知自明的智慧，故能把持那"一个都嫌多"的沉稳，甚至有过半数的女人有了"一个都不要"的清醒，她们才不致坠入男人"多就是好"、以数量衡量快乐的陷阱。

妖姬之歌

参孙与大利拉(Samson & Delilah)的故事最早出现在《旧约圣经》"士师记"的第十六章,叙述非利士人与希伯来人之间的争战。身为非利士人的大利拉,为击败希伯来人,而以美色引诱大力士参孙,使他说出自己力大无比的根源,继而剪下他力气所在的头发,参孙束手就擒后被剜出双眼,囚于牢狱。痛失主将的希伯来人立即溃败于非利士人之手。参孙最终悔悟,再得神助,恢复气力,空手摧毁了非利士人的宫殿。

这个故事曾是不少艺术创作的灵感泉源,除了美术史上有无数参孙的画像之外,圣桑(Camille Saint-Saens,1835—1921)写过同名的歌剧,还有以史诗手法拍摄成的电影《霸王妖姬》,甚至连摇滚乐手斯普林斯汀(Bruce Springsteen)也在他出名的歌曲《火》(Fire)中,将参孙和大利拉的名字与罗密欧及朱丽叶并提,作为火热爱情的榜样。

用最单纯的读法来读,参孙与大利拉的故事是一则英雄为美色而误国的道德寓言,切合着以叙述希伯来人兴衰为主轴的《旧约圣经》的语境,也反映着传统父权社会对女色所表现出的敌意与恐惧。但在后现代历史观——如"谁的历史?"与"谁写的历史?"——的诘问下,许多游移不定的议题——如情欲、权力与国族——就在这单纯的宗教与道德的表象下,冒起了颠覆的泡沫。

其实圣桑在1869年开始写他的歌剧时,已意识到了这个故事在政治、宗教、道德的诉求外,所可能有的情感潜力,所以他一反传统取向,不说英雄而说美人,主角不再是参孙,而是大利拉。歌剧中最为脍炙人口的三首咏叹调,都写给了大利拉。这视角的轻微转移,使得圣桑的歌剧顿时摆脱了僵硬的寓言框架,而成为一出充满着激烈情感的人间戏。也无怪乎这出歌剧,最初虽然挂着宗教的面纱而以"神剧"相称,仍然引起当时法国社会的不安。对许多人而言,将情欲的元素灌注在圣经故事中,是一种极端的亵渎。这出歌剧一直要到1890年才在法国首次演出。那时圣桑写作此剧的缪斯——女高音卡席拉薇雅朵(Pauline Garcia-Viardot)——早已自舞台退休,而不能参演这出原是为她而写的歌剧。

也就因为圣桑超越了传统的框架,把这则故事建构在流动的视角之上,大利拉就不再只是一个陷害英雄的"祸水",而是非利士人眼中的民族女英雄。所以她像其他"美人计"故事中的女子一样,在演绎诱惑的游戏时,因为肩负着国家兴亡的大计,所以命定了要在多种彼此相互冲突的"忠诚"中铤而走险。这些女子除非能完全溶入一度空间的意识形态,否则在实行"奸计"的过程里,必然要经历各种来自不同方向的忠诚的拉扯:对人民的忠诚,对自己情感的忠诚,还有对那男子若有若无的情愫的忠诚。在说着爱情的谎言时,她难道不会有那一秒之间的恍惚,而爱上了自己编造的爱情故事,以及那爱情故事中的男子?假戏真作的情况大有可能,历史上不正泛滥着女间谍最终爱上敌人的流言?

因此,圣桑歌剧中的大利拉是一个非常不容易演好的角色,她并不只是一个以诱惑男子为职志的"坏女人",或是像彻底解放的卡门,可以毫无保留地展现自己放荡不羁的妖娆。她的妖娆不是出自本性,而是有着目的性的欺瞒,所以她必须有所束收,因为观众期待听出她甜蜜歌声里所混杂的言不由衷。这个角色的完整塑造,也就必然牵扯到了某种平衡,大利拉永远要危颤地走在两种可信度所撑起的钢索之上。她不但要在无知的参孙面前可信,更要在剧院中全知的观众眼中可信。所以在浓烈如蜜糖的诱惑中,她必要加入恰如其分的冷静与反讽。

大利拉在这部歌剧中最著名的三首咏叹调是《降临的春天》(Printemps qui commence),《我的心扉向你的呼声开敞》(Mon Coeur s'ouvre a ta voix),以及《爱情!请助我克服软弱》(Amour! Viens aider ma faiblesse!)。前两首是对着参孙而唱,她用尽心力,想以温柔及甜美溶化那位孔武有力的男子。第三首是对自己所唱,激励自己勇敢前行,降服参孙,以不负人民重托。这三首旋律优美的咏叹调,在声乐与器乐的对位上,却有着十分复杂而并不是十分和谐的编制。只有在《降临的春天》一曲中,声乐与器乐是十分和谐地并行,在另外两首中,声乐与器乐相互倾轧,器乐埋伏在女声唱出的温柔情歌之下，制造着危机重重的张力。这正是对大利拉言不由衷以及错综复杂的感情的一个注脚。其实就是在温柔的《降临的春天》那首曲子里，器乐部分的节奏也逐渐增快，在终曲前引进了骚动与不安。在《我的心扉向你的呼声开敞》一曲中，声乐部分是慢板的四分音符，谱写大利拉向参孙的从容示爱，但器乐部分却自始至终环绕着十六分的跳动音符，在柔情万种的女声之后踢踢踏踏，像刺客赶夜路时的马蹄声，又像那拂之不去的恶念，滴滴答答萦绕心头。在《爱情！请助我克服软弱》里，声乐与器乐的冲突就更为暴烈，伴奏与女声完全循序着不同的乐思，走着不相同的音符，大利拉内在的冲突，在圣桑特意编制的乐章中做了最戏剧性的显现。

要唱好这几首咏叹调，所需要的就是那甜美与冷静间的平衡，忘情地把大利拉唱成一个恋爱中的女人，或是冷酷地把她唱成一位麦克白夫人式的谋杀者，都是极端的偏差。对这难以掌握的平衡，我有着切身的经验。几年前学唱《我的心扉向你的呼声开敞》时，就十分拿捏不准。也许我偏向理性而忽略感性，急着对大利拉这位角色做智性的分析，而忽略了她在戏中急切需要完成的引诱任务（也可能是我那女性永远应该处于被动的教养，使我毫无揣测诱惑姿态的能力）。我那位八十岁的声乐老师麦尔太太，对我欠缺诱惑力的歌声很不满意，屡试不爽后，她终于不耐烦地敲着钢琴对我说："你如果不能在三个小节之内抓住那个大笨男（hunk），你就彻底地完蛋了！"

在大利拉的危险事业中，三十秒以内的捕攫与诱惑是致命的，决定着成败。所以必要倾注天下所有的甜蜜，唱出最初的那几个小节:"我的心扉向你的呼声开敞,就如花朵在朝阳的亲吻里开绽……"其余的婉转,就到后面的歌词中再去演绎吧!

然而大利拉的诱惑却不是卡门甩着浓黑的长发、口里衔着玫瑰花的那种野艳,她必须依照男子的规则行事,收敛含蓄,把煽动男子欲望的企图好好装饰起来。演唱卡门所需的是一往的热情与生命力,演唱大利拉则需要迂回婉转。前者暴烈,后者甜美,前者的危险写在脸上,后者的危险藏在暗底,前者天真直率,后者充满心机。反讽的是,看似无所畏惧的卡门,其实是最易受伤的。而颔首低眉的大利拉,却充满着杀机。这也是两性关系里的一个隐喻吧!诚实地显现自己欲望的女子,因对男子造成了威胁,故必遭毁灭的命运,将自己的欲望深藏在顺服表象下的女子,却终能达到目的。

比才的卡门与圣桑的大利拉都是次女高音(mezzo-soprano)的角色,需要的也都是次女高音音色中较为低暗的神秘与诱惑,但两个角色欲达的戏剧效果却是完全不同的。卡门放荡地唱着爱情自由如鸟,或是夸口自己选择新爱像选择新衣时,正因那自由的爱情,是不见容于男子主导的传统社会,所以回响在歌声中的,不是自由的欢悦,而是宿命的悲音。她只是一只固执地投向烛火的飞蛾。相反的,大利拉用尽春天的意象,间接地低诉自己等待被爱的心情,以被动为主动,因此她声音中诱惑的密度,必要经过精密的测量,以男子的容积为指针。在与大利拉的对比下,卡门简直就是一个天真而毫无矫饰的小女孩了(就曾有过一位导演在制作《卡门》时,设计了全白的戏装，清纯的打扮，予卡门以一小女孩的形象）。

作为一则人间故事，《参孙与大利拉》的趣味存在于虚实的倒转，以及表象与真相间的龃龉——最强壮的体格里，有着最羸弱的情感；最温柔迷人的爱情，有着最致命的杀伤力；最温婉顺从的姿态里，有着最具攻击性的谋略……然而这故事中最具反讽意义的弦外之音，却是大利拉的名字。在希伯来文里"大利拉"乃是"软弱"的意思。一位名叫"软弱"的女子，最终却征服了世上最强有力的男子。不管大利拉的这个名字是说故事人的特意安排，或只是真实里的偶然巧合，都使这个以表里不一为设计的故事，又多了一层更耐人寻味的意义，也使演唱大利拉这个角色，多了一个可以探索的向度。

摇篮与轮船

法国作曲家弗瑞（Gabriel Fauré, 1845—1924）喜用他同时代的诗人——如雨果（Victor Hugo, 1802—1885）、魏尔仑（Paul Verlaine, 1844—1896）等——的诗作谱曲，以此写成了一百多首在音乐史中独树一格的"法国艺术歌曲"（French Art Song）。最为大家所熟知的一首大概是《梦醒时分》（Aprés un rêve）。我读大学的时候，这首曲子用长笛与管风琴录制成的版本十分流行，还配上了一个非常颓废的中文曲目，叫做《一场愁梦酒醒时》，被许多为赋新诗强说愁的文艺青年疯狂地喜爱着。

但在弗瑞众多抒情浪漫的短歌中，我自己最喜爱的一首却是《摇篮》（Les Berceaux）。除了弗瑞一贯幽美却略带忧郁的旋律之外，我喜爱这首曲子的最大原因，是那音乐与诗的完美结合。音乐配合着歌词，淡淡地刻画出了人生某种不可或移的境况与憾恨——人似乎注定了要在两种同样令人向往、却彼此互相排斥的理想中来回地做着不尽完美的抉择。

这首歌的歌词取自法国诗人苏利普律多姆（René Sully-

Prudhomme，1839—1907）同名的诗作。苏利普律多姆不仅是当时法国极为重要的诗人之一，也是文学史上第一位获得诺贝尔文学奖的作家。他是诺贝尔文学奖1901年（也就是该奖首次颁发时）的获奖人。

虽然题名为"摇篮"，这首诗却还有另外一个主要的意象——"轮船"——与"摇篮"相互呼应，亦相互对立。这两个同是摇动的物体，却激起着全然不同的联想：被母亲之手推动的摇篮，让人想起安逸、温暖、舒适、确定、安于现状、与世无争，是家园的象征；乘风破浪的轮船，却让人想起奋斗、征服、动荡、不确定、海阔天空、崭新的可能，是在世界里打拼的象征。退守于家园的满足，与永远行向未知的兴奋，都是人所想望的境界，同样叫人眷恋，却常不可兼得，得此必失彼。借着摇篮与轮船的意象，这首诗于是精准地描述了人生诸般对立的二元：稳定／动荡，归属／自由，确定／未知，知足／奋斗，守成／激进……像两个冲突的灵魂住在同一个身体里，使人永远在二元的摆荡里，感受着矛盾、挣扎、憾恨与不完美。在静懿的天伦之乐中，人们却不可自禁地听到远方的呼唤，不能抗拒藏在地平线后的诱惑。但在航向异域的行程中，人们即刻开始渴望着家园的安稳，苦思壁炉的光热与窗棂内的灯火。

流浪的人想回家，定居的人想流浪；单身的人想望婚姻生活的安定，结婚的人想望单身生活的自由；爱情专一的人想象可以到处留情，到处留情的人渴望自己有专情的能力；有快乐家庭生活的人遗憾事业成就的不足，投身事业的人却渴求家庭的圆足……人生所有的戏剧，都演绎自这两种境界之间的张力。而人生所有的哲思，也都倾注于如何在这两种拉扯的力量间找到一个平衡点。

全首歌的歌词是这样的："延着长长的堤岸，巨大的轮船／在浪花里静默地摇摆／不理会女人之手／推动的摇篮。／／但道别的一天终将到来／女人必要哭泣／好奇的男人／冲向满布诱惑的地平线。／／巨大的轮船／逃离渐渐逝去的港岸／庞然的身躯／顿然感到摇篮的晃动。"

好奇的男子听不到女子难舍的哭泣，他们心无旁骛地望向那应允着崭新可能的地平线，兴奋地追问："还有什么？还有什么？"直到船只渐行渐远，港岸在视野中几近消失的那一刻，他们才顿时听到家园的呼唤，猛然感觉到了摇篮的牵动。

在人世的奋斗中，我们时常想着回家，但在回家的那一刻，却又立即想着离家。我们永远摆荡在"回家"与"离家"的两极里。

荷马的史诗《奥德塞》（*Odyssey*）写的就是一个"回家"的故事，希腊英雄奥德西斯（Odysseus，又名尤利西斯，Ulysses）在令人疲惫的特洛伊战争后，一心想回家，路上的灾难挡不住他似箭的归心，各种女妖的诱惑，也不能转移他回到妻子身边的执念。家乡伊撒卡（Ithaca）如那永恒的北极星，毫不动摇地指引着他的回家之路。

然而回到伊撒卡不久，他又开始骚动不安，远方召唤着他，离家的欲望在心中嗞嗞作响。邓尼生（Lord Alfred Tennyson）的《尤利西斯》（*Ulysses*），写的就是他的躁动。在以"无韵体"写成的诗行里，尤利西斯慨叹着回家后的难安，他日日望洋兴叹，期望再踏航路，再次感到未知与不确定的拉扯："所有的经验都只是一座拱门／通向未曾驻足的世界，它的边缘／在我的移动里不断地消失。"(Yet all experience is an arch wherethro' / Gleams that untravell'd world, whose margin fades /For ever and for ever when I move.) 他不能忍受稳定却一成不变的家居生活，虽然那是他从前漂流时期所梦寐以求的，回家的那一刻，就是离家欲望的开始。然而在年老的尤利西斯口中，那想要离去的心情却不再清明，不确定的语气渐渐渗入了他假作昂扬的情绪里。人是否应该永远地追逐着那不断消失的地平线？全诗最后一段由单音节的字所堆砌出的激进，发出了空洞的回音。年老的尤利西斯似乎需要用口号式的呼喊——"努力，找寻，发掘，永不屈服"(To strive, to seek, to find, and not to yield)——才能说服自己，强叫自己相信永远的航行与永远的追索，才是人生最后的真理。

女人哭泣，男人离去，女人摇着摇篮，男人乘着轮船，这退守与进取的两种人生的境界是否也有着性别的隐意呢？在伍尔夫（Virginia Woolf）的《灯塔行》(*To the Lighthouse*) 里，袁塞姆太太（Mrs. Ramsey）经营着安逸的家园，她纵容着坏脾气的袁塞姆先生，保护着年幼的吉姆士，并滋润着莉莉·毕瑞斯可（Lily Brisco），使她找到了艺术视景。但在被袁塞姆太太抚育的家园里，那灯塔却永远是一个可望而不可即的幻影。他们不愿离开她的温室，冒着风雨行向灯塔。在安全的摇篮里，他们放弃了可以到达灯塔的轮船。只有在她死后，在袁塞姆先生的驱策下,他们才终于弃置摇篮,搭上轮船,乘风破浪,胜利地到达了灯塔。

如此,摇篮与轮船所述说的,又何尝不是女性与男性、阴柔与阳刚生活境界的互动?彼此相斥却又相吸,辗转倾轧,印刻出人世的轨迹。

弗瑞为这首曲子选择了"12/8"的节拍,每个小节里藏着四组华尔兹的节奏,三个上行的八分音符,紧接着三个下行的八分音符,周而复始地上上上,下下下,翻过一波,又有一波,没有终点,也没有一个四平八稳的完结。无怪乎一次朋友听我唱完这首曲子后,说她有晕船的感觉。这波浪式的节奏不仅在音乐上仿真着摇篮与轮船摇晃的姿态,也因同形音波的不断复制,而取消了起承转合的可能。没有高潮,更没有结束,贴切地模仿着人生在两极间没有休止的摇摆,如那不断进行的辩证过程——正反合,正生反,正反合,合为正,正生反,正反合——摇摇摇,摇曳直到永恒。

读出迟暮之美

有时,最好的读诗方法是尝试将它译成另外一种文字。不只是因为翻译在文字上要求细腻斟酌,故能强迫读者缓慢下阅读的脚步,使原本并不经意的细节突现眼前,更也是因为不同语言之间的张力,往往出人意料地彰显出了原诗看似寻常的语句中的新颖。

美国现代诗人阿蒙斯(A.R. Ammons, 1926—2001)以写短诗著名。他有一首题名为"Beautiful Woman"的短诗,短得不能再短,在文法结构上,只是一个简单句。去掉诗人刻意的分行隔段,以及其他视觉上的安排,这首诗的文字可被凝聚成这样清瘦的一句:"The spring in her step has turned to fall."字面上读来,是说:"她脚步里的春天,变成了秋天。"据此,我们可说这是一首描写时间流逝的诗,诗人使用了最基本的举隅法(synecdoche),以片面观全局,从脚步写女人,描述一位青春少女,已然变成了成熟的中年妇人。若要从诗的题目引申,我们也可说这首诗要写的是美的必然枯朽,有着伤逝的基调,悲叹青春与美丽的不再。

但在尝试着把这首诗译为中文时,我们会发现"她脚步里的春天,变成了秋天"的译法并未将诗的意思道尽。因为"spring"与"fall"这两个字,在英文中还有其他的意思。用作名词时,除了是春天,"spring"也可以是弹簧或是跃动;"fall"作为名词,则有坠落或下降的意思。跳跃及坠落明显地有着一种地势上的对比,这并不能被"春天"与"秋天"这时序上的对比所涵盖。为指引出英文里的双重意义,我们就必须在中译里做某种附加,以使这层意义不致消失在仅只是"春天"或"秋天"这无时序以外指涉的文字中,我们可试译成:"她步履中轻盈的春光,成为沉重的秋影。"用"轻盈／沉重"以及"光／影"这两组词,我们稍稍弥补了中文"春天"与"秋天"所滤掉的意义。

至此,我们掌握到了这首诗较为宽广与丰富的色彩,但却无改它的主题。它读来仍是一首非常传统的悲悼青春已逝的诗。其实,若以主题论诗,古今中外的诗,尤其是抒情诗,大概超不出十来个诸如爱情不常存、时光易逝等等陈腔滥调的主旨。所以读诗,我们不可能只计较主题。读诗不是为了"什么"(what),而是为了它的"如何"(how)及"为何"(why)。趣味要在文字与语言中寻得,也就是柯勒律治(Coleridge)所说的"最好的文字被作了最好的排列"。

这首诗也不例外,它的诗趣,甚至说它繁复的意义,都必要在文字的用法与结构中找寻。首先值得一提的是,这一句用散文写来只有一行不到的句子,在原诗中是被排列成三段六行:"The spring / in // her step/has // turned to/fall"。这在视觉上立即有了戏剧性，在一张空白的书页上，这首瘦长的诗，马上给人一种摇摇欲坠的感觉。

这欲坠的感觉，提示了另一个非常重要的语言向度。"spring"与"fall"这两个字，不仅在作名词时有着双重的意义，而且这两个字在英文中都可被用成动词。"spring"是跳跃，"fall"是坠落。在这首诗中，"spring"因为前有冠词，所以确定了是被用作名词的地位。但"fall"的前面却并没有冠词，它前面的"to"可被解释成是介系词或是形成不定词的"to"，因此"fall"有了是名词或是动词的两种可能。

令人惊异的是，在此我们如果把"fall"当成动词来用，诗的意义就倏然有了巨变。

在英文中，不定词暗示着未来与目的，所以不定词中的"to"，几乎可以转换成"in order to"，有"为着什么"的意思。依照这样的语势，"has turned to fall"，可以解读成是"has turned in order to fall"，也就是说，她脚步中的轻盈转变，实是为了要坠落："她步履中轻盈的春光，是为要陨落成秋影。"在语调上，整首诗有了一百八十度的转折，本来是一种被动与无助地受时光的摧折，一转而为有着目的性的主动行为，而被描述的蜕变甚至有了令人欢欣愉悦的意思。诗的题旨亦从对时光流逝的哀悼，变成了对生命必然过程的接受与礼赞。

而这首诗的题目，也正支撑着这积极与乐观的读法。"Beautiful Woman"之前没有冠词，不是"A Beautiful Woman"，或"The Beautiful Woman"，所指涉的因而并不是某个特定的美丽女子，哀悼的也不是个人美丽的消逝。因为没有特指，题目中的这个美丽女子，有了抽象的普遍性，也指示出诗人所在意的，并不是一个俗世中红颜已老的现象，而是更宽广的、有着宇宙性的生命消长的现象。那女子应属神话中随季节消长复生的女神。在生命循环与生死必然的脉络中读来，诗中那步履的轻盈，的确是"为了"要陨落——出生后必有死，青春必有衰老，但我们也可以说，出生是为了死亡（死亡是为了再有的出生），青春是为了衰老（衰老是为了再有的青春），因为这诗要描写的是美丽，故这一切不可更改的循环也都是美丽的。美乃存在于陨落与秋影之中，或应该说美存在于那亘古不能停息的生命环节里。

其实，这首诗的一个文法上的小手势，已然暗示了它刻意颠覆传统意义的姿态。在原诗中，"fall"的后面没有句点。这意味着"陨落"或"秋天"都不是结束，生命继续前行，周而复始，永恒不灭。在诗尾危颤地"陨落"的轻盈，终将返回，因此那陨落的秋影也是美的。

所以这首诗，初看是在悲叹美的必然腐朽，其实是肯定着腐朽中的美。生命有消长，有春秋，有荣枯，而每一个阶段，因为都是生命的一部分，也就有其美好之处，有其值得被歌颂之处。

只能在姣好的年轻女子中看到美丽的人，就如同不能细读这首诗的人一样，在对生命行色匆匆的阅读里，错失了小小的路标与记号：那字与字之间的对话，与刻意隐去的微小句号。我们仔细读诗，或耐心地赏析艺术，除了过程中那份纯然的愉悦之外，也期盼心眼的愉悦能打开肉眼的视景，使我们在俗世中，看得到原以为不美的事物中的美丽。

辑二 文艺女子

火石与韧钢
——"比格梅利安"神话的颠覆

1940年11月,玛莎·葛尔红(Martha Gellhorn)与海明威结为夫妇,成为他四任妻子中的第三任。她三十二岁,他四十岁。两人也都在文坛享有如日中天的盛名。海明威刚出版了他最成功的作品《战地钟声》(*For Whom the Bell Tolls*),葛尔红则因西班牙内战的一系列报道而声名大噪。一位记者将他们的结合形容成是"火石与韧钢的配对"(pairing of flint and steel),这个用语不仅在描写他们当时可以擦出火花的热情,也侧写着两人坚硬如铁石的独立性格。

费滋杰诺(F. Scott Fitzgerald)听到婚讯时,曾惊讶于海明威竟会和一位"真正有魅力"的女人结婚。他说:"这应和海明威从前那些'比格梅利安'(Pygmalion)式的关系不同吧。"比格梅利安是希腊神话中塞浦路斯的国王,爱上了自己用心雕塑出的女像,他因而成为在爱情中只能做自我投射的男子的代称。萧伯纳(Bernard Shaw)的《比格梅利安》一剧,写的就是一名绅士教授如何爱上自己调教出来的那位出身低下的女子,此剧即是电影及舞台剧《窈窕淑女》(*My Fair Lady*)的原始版本。

费滋杰诺所指，当然就是海明威那庞大的自我与在爱情中永要处于主导地位的需要，那情结使他只能拥有可被驱策的女子，却不能与有独立性格的女子长相厮守。有着打火石般坚硬与独立性格的葛尔红，当然不是可以任由男子塑造与驱策的女子。

海明威将《战地钟声》一书题献给葛尔红，故有学者认为葛尔红是书中女主角玛丽亚的模型，其实除了两人都有"麦田般的金发"之外，玛丽亚这位只能以崇敬的迷蒙之眼与首肯的唯诺对待男子的西班牙女子，绝不可能是葛尔红的化身。如果海明威曾经误将葛尔红幻想成他笔下那以爱情为生命极致的玛丽亚，那他们婚姻关系走向幻灭，也就是必然的结局了。

但像所有沉醉于爱河的男女一样，海明威，尤其是葛尔红，当时都看不到（也不愿面对）这一点。在给罗斯福总统夫人的信中（罗斯福夫人 [Eleanor Roosevelt] 是葛尔红母亲大学的同学，与葛尔红一生维系着亲密的情谊），葛尔红快乐地写道："我们是佳偶良配，两人都发狂地想着结婚。"海明威在给葛尔红的母亲爱德娜（Edna Gellhorn）的信中，也写着："每当我看到玛莎，听到她的声音，或听到她如雷的脚步，我就剧烈地感到快乐。能这样快乐是何等的幸运！我们从此同在，再也不必单独面对孤寂。"

然而费滋杰诺的疑虑，也非空穴来风，而终将在现实里兑现。海明威的确无福消受一位真正有魅力却必须独立于他之外的女子，这一对火石与韧钢终究不能共存，在初时的激情淡去后，火石与韧钢所摩擦出的，就只有对彼此的互憎了。两人最终不但离异，且终生以刻薄的恶言相向。海明威对葛尔红这位唯一主动离他而去的女子，恨意不能一刻稍褪，而葛尔红的朋友也深知，在她的面前提起海明威的名字，必会引起她的暴怒。两人拒绝不快乐地生活在一起，却各自抑郁地走向了相同的悲剧结局。海明威在多年酗酒与罹患抑郁症后，于1961年举枪自尽。葛尔红一生没有再婚，晚年孤寂悲凉，1998年因罹患癌症而吞服安眠药自尽。

反讽的是，葛尔红这位一生以追求独立为目标的女子，最终也只被定位成是海明威众多的妻子之一。以婚姻及爱情界定女子生命价值的认同方式，一笔抹煞了她在事业上的成就，尤其是她在新闻文学上所处的先驱地位。葛尔红以女子之身，亲身采访过八次战争，在新闻史上不仅是开风气之先，也立下了后来没有多少人能超越的纪录。她的报道文字，在当时文评者的眼中，也都超过了自我中心的海明威。

然而在现今的图书馆里，海明威的传记占满了一个书架的上下几排，葛尔红至今却只有三本传记，其中两本还是由同一位作者撰写，且内容几乎雷同。卡尔·洛立森（Carl Rollyson）先后在1990年及2000年出版了两本葛尔红的传记，除书名不同外，后者几乎是前者的翻版。1990年出版的书名为《勇者无惧》（*Nothing Ever Happens to the Brave*），2000年出版的书名是《美丽的放逐》（*Beautiful Exile*）。洛立森仍跳脱不出将葛尔红投影于海明威生命的传统手法，连第一本书的书名都是引自海明威的《战地钟声》。直到2003年，卡洛琳·摩赫（Caroline Moorehead）才写出了一本将葛尔红当成严肃作家看待的传记，这本厚达五百页的巨作《葛尔红：一段20世纪的人生》(Gellhorn, A Twentith-Century Life),对葛尔红不平凡的一生做了非常深入的叙写。

虽说葛尔红被后世的传记家冷落,但在传记的数量上与海明威角力,却绝对不会是她的计较,因为她生平最恨被人采访描写,口口声声地说过:"作家只该被读,而不该被写。"这和海明威时时鼓励他人神化自己的倾向有着南辕北辙的不同。

然而沉寂的葛尔红研究领域,却在2006年出现了两本相关书籍,一本是由卡洛琳·摩赫所编辑的葛尔红书信集《玛莎·葛尔红书信选》(Selected Letters of Martha Gellhorn, H. Holt, 2006);另一本则是记录她与海明威中国之行的《海明威在中国前线,他与葛尔红二次大战中的间谍任务》(Hemingway on the China Front, His WWII Spy Mission with Martha Gellhorn, Potomac Books, 2006)。在了解葛尔红与海明威的关系上,这第二本书尤有其独特的重要性。因为他们在婚后立即成行的中国之旅,一方面是两人的蜜月之旅,另一方面却也是两人日后决裂的肇因。

葛尔红一生周游世界,从不畏惧客观条件的匮乏,即使是在落后的非洲及墨西哥,她亦能安然处之。但她对中国却从一开始就无好感,且对那个世界里的脏乱,屡屡有着歇斯底里的反应,中国之行被她列为是一生中的"恐怖之旅"。晚年她回忆这次行程,写在1978年出版的《我与自己及另一伴侣的行旅》(Travels with Myself and Another),在冗长的时间距离下,她才能以幽默调侃的自嘲语调,重述这段经验。

说来,1941年的中国之行,实是葛尔红的"公务之旅",

海明威只是被劝服了才极不情愿同行的"随行配偶"(葛尔红在书中称海明威被称为 UC-Unwilling Companion)。新婚不久，葛尔红得到《考利叶》(*Collier's*)杂志的聘请，前往中国采访中日战事，时值两人新婚不久，海明威极力央求她打消远行的念头，葛尔红不但不依，反而费尽心力劝服海明威同行，最后海明威也从《PM》要到一纸聘书，一起同行(《海明威在中国》一书的作者莫瑞拉 [Peter Moreira] 却认为海明威此行实肩负了间谍任务)。这是葛尔红的独立性格在两人婚姻中的第一次显现，自然不是海明威能轻易接受的状况，再加上海明威极不擅长于做配角，尤其是自己女人的配角，这些性格与定位上的龃龉，先天地为这次行程展开了紧张的序幕。在中国期间，葛尔红每因不适应而痛苦难堪时，海明威非但不能以"伴随配偶"的身份提供适时的安慰与鼓励，反而一再幸灾乐祸地强调中国之行与他无关，全是葛尔红自己的主意。更令葛尔红气恼的是，海明威竟丝毫没有适应上的问题，他爱吃中国菜，更爱异国情调的诡异，不但不像她那么痛苦，而且有着如鱼得水的快活。在给他的编辑普京斯 (Max Perkins) 的信中，海明威形容中国是一个奇妙又复杂的国家，他有相见恨晚之感。在海明威的昂扬里，葛尔红不但失去了一个可以共同抱怨的伙伴，还多了一个不断在旁炫耀挖苦的对手。

  陌生的异域更加速地暴露出两人在性格上的不同。葛尔红是一位理想主义者，对世上的不公义有着本能的憎恨，推动她写报告文学的动力，就是要为社会苦难深重的百姓做出正义的伸张。但她的理想主义却常是建立在抽象的网络里，使她常被过于激进的使命感吞噬，而她天生孤高冷僻的性格，又常成为理想落实的巨大阻力。海明威说她"热衷人文，却憎恨人类"，其实非常正确地点化出了她性格里的矛盾。她一生的痛苦也都是源自那完美理想与龌龊现实间的差距。比如她对中国的反感，极大一部分是因为她起先对中国存着过于完美的幻想。这表现在她行前写给朋友的信里，每封信几乎都洋溢着对即将登陆中国的兴奋与热切（路过夏威夷时给母亲的信里写着："再过半小时就要登上飞机了，我非常非常的兴奋，高兴就要起飞了。想象那些名字那些地方都是真的，而我马上就要到那里……我才不在乎我们会去那里，所有的事物都将是新颖，我要看遍一切"）。但是由阅读毛姆小说所堆栈出的对中国文化古国的想象，到底和现实有着极大的差距。她的幻灭几乎是立即的，在给杂志社老板的信中她还能强颜欢笑，但在给较亲密的好友的信中，她则一股脑地披露了她的痛苦："中国可怕极了，如果你想知道，整个东方都同样的恐怖，在一个人自生到死都不能打直背脊、一生都在烂泥中求生存的社会里，我怎能感到安适？"（引自给好友爱伦·格佛 [Allen Grover] 之信）。在给母亲的信中，她则宣称中国一举治愈了她的旅游狂想病，中国生活多么的艰困可忍，多么的枯燥难挨。大体而言，她对中国的失望，并非来自物质的欠缺或现实生活的艰难，而是来自中国人民精神生活上所显示出的贫瘠，这完全不是她想象中泱泱文化大国应有的气度。

相反的，海明威是一个和三教九流终日胡混也能心安理得的人，他没有葛尔红那迫切的使命感。所以他对中国的异象可以照单全收，且甘之如饴。他的安然给了葛尔红新的刺激，在几近是工作狂的葛尔红眼中,海明威简直是懒惰不上进,成天只和陌生人搭讪喝酒,而海明威对进出忙碌的葛尔红,也不忘时时挖苦:"玛莎又要去为这国家诊脉了。"两人对彼此的不满,越积越深。

事业心重的葛尔红,在重庆之后,又只身前往荷属印尼,报导该处的抗日军事部署活动。海明威被抛弃在后,单独留在香港,后又独自先返美国,种下了他们日后离异的种子。

如费滋杰诺所预言,海明威无法容得下一个有自己事业与生活的女人,他需要女人随侍在侧,适时地舒解他的情绪与寂寥。回美途中停留于夏威夷时,他曾暂时放下身段,写了一封长达十三页且热情洋溢的信给葛尔红,细述自己的寂寞,并央求她不要如此热衷于战事采访。他真心地想念着她,在信尾昵称她为"小顽皮"(Pickle),并俏皮地描述自己如何爱恋着她:"像孔太太(宋蔼龄)爱恋着金钱,像罗斯福栈恋他的历史地位,像蒋夫人(宋美龄)爱做她的蒋夫人。"

但是葛尔红对他这样的亲昵,已无法有任何反应。回美之后,她仍马不停蹄地往非洲英国等地继续她采访战争的事业,两人早已貌合神离,直到海明威遇到他的第四任妻子玛丽·威尔绪(Mary Welsh),那对火石与韧钢已温降至零,再也擦不出灿烂的火花,而只冷冽地对彼此放出寒颤的清光。中国之行后,海明威在性格上出现了明显的改变,他惹人厌恶的一面如自大、喜爱吹嘘、说谎及攻击他人等性格,越加地浮上台面。他对众妻毫不顾忌地做口头上的攻击,而受虐最深的也就是葛尔红,他不但对人宣称葛尔红的写作能力完全出自他的调教,更恶形恶状地公开向人描述葛尔红的性冷感，以及毫无性魅力的身体细部。

然而，在爱恨混合的情感底层，海明威仍是佩服着葛尔红的才情的。偶尔，他也能暂时放出一丁点的慷慨。葛尔红在国会听证会上作证的证词被刊登于《新共和国》(*The New Republic*) 后，海明威写信给《新共和国》的编辑史克宾纳 (Charles Scribner)，大大称赞葛尔红的识见，并说："在愤怒与充满悲悯时，她展现出最好的面貌，但在不能逃避充满暴行的日常生活里，她却显现出最差的面貌。"

海明威的确有着识鉴他人性格的敏锐观察力，他也并不是全然不能欣赏坚强与独立的女性之美，到底他曾在《战地钟声》里成功地创造了比拉 (Pilar) 那庄严且有智能的女性角色，比玛丽亚更叫人难忘，但比拉却必须是又老又丑，且与爱情无关。爱情的对象只能是那美丽如水，依着男性的需求流出自己形状的玛丽亚，或是《永别了，武器》(*A Farewell to Arms*) 里的凯撒琳 (Catherine Barkley)。她们最终也都要因难产而死，成了为爱殉道的凄美象征。

葛尔红却对"比格梅利安"这则神话做了最透彻的颠覆，她有着玛丽亚美丽纤柔的外貌，却有着比拉强韧干练的内在。她拒绝依照男子的需求勾画自己的生命蓝图。和比拉一样，她要讲述自己的故事。海明威可以赏识她，却不能在个人生活中接受她的方式与她的真我。他虽然是世上最了解她的人，但在爱情里，他却只能像比格梅利安一样，一生所爱的，都不过是自己的影子。

废墟里的阳光

用现代的语汇来说,《米德镇》(*Middlemarch*, 1871) 这本小说的女主角——多萝西亚·布鲁克 (Dorothea Brooke)——可以称得上是一位"文艺女青年"了。

"文艺女青年症候群"中最显著的征兆,是这些女子与她们青春年华不相洽合的严肃与持重。这过度认真的态度,常可溯源到她们对"知识"几近浪漫却极其朦胧的憧憬,在渴切的求知心情里,她们误以为知识只有严肃一途,且必与生命的情趣背驰。选择前者与弃绝后者,成为一种刻意的生命情调与对知识效忠的手势。在花样的年华里,她们违反自然地展现着一种殉道的生命姿态。然而,在徒有对知识的热情却无对知识的鉴识能力下,她们的严肃即便是充满着诚挚,却仍需诸般造作手势的支撑,不只是为了昭示世人,更为了要说服自己。

最先出现的,是类似修道士弃绝俗世的手势,以此拒绝生活中所有琐碎与肤浅的追求,更不用说她们对女性的虚荣——如衣饰、珠宝、外貌——所表现出的极端轻蔑。在情感上,她们则表现出要为知识牺牲一切的烈士情操,因此她们无视自己情感的需求，而孤注一掷地将感情投射于与知识稍微挂钩的男子——学者、教授、作家等，并将对知识的热情，快速地移转到这些男子身上，误以为这是超越凡俗的爱情。在她们模糊的认知体系中，知识与智力的追求是属于阳性的，私己的情感是阴性的，为了阳性的知识，她们必须压抑属于阴性且相较之下是次等的爱情。

然而随着年岁与生活经验的累积，她们却逐渐了悟，将自己的情感当成祭品，并没有为她们换取到知识，而与一位"学者"的结合，更绝不是接近知识的手段。更残酷的是，她们亦逐渐发现那些象征知识的男子，充其量，也只不过是个象征。她们不但未能经由这些男子而接近知识，反而因为接近这些男子而看出了他们的欠缺。原以为的博大精深，只不过是文字的堆栈与枯死知识的反刍，而被她们热切拥抱的"智性结合"，竟毫无生命的内容可言。

多萝西亚第一次婚姻的悲剧，即为此种症候的后遗症。她对知识与公益有着天生的热情，而维多利亚时期对女性种种的限制，使她无法在智性上做进一步的追求，这挫折感，更加强了她对知识的理想化，爱屋及乌，对知识不合实际的憧憬，亦原封不动地移至任何与知识有所沾染的男子身上。初次遇到比她年长二十岁的卡萨尔邦（Edward Casaubon）时，就认定了他是世上最值得深爱的男子，并将自己被压抑的求知欲望，一股脑地攀附在这位德高望重的老学究身上。她把与卡萨尔邦的结合，幻想成是知识之梦的实现与生命谜题的解答。这亟待解救的心情，其实并无异于神话故事中等待王子出现的公主，循序的仍是传统男子主动、女子被动的窠臼。

多萝西亚对卡萨尔邦的"知识水平"不但毫无鉴识的能力，亦无鉴识的欲望。只听说他终日埋首书堆，研究某个深奥的题目，并企图写一部旷世巨作，就认定了他是可以托付终生的男子。卡萨尔邦向她求婚时，她不仅受宠若惊，并立即展现了文艺女青年的烈士精神，立志要牺牲自己以助他完成那将影响全人类的巨作。为知识奉献一切的热切情操，驱使着她独排众议——这是烈士所必有的手势，也是膨胀情感强度的催化剂——而执意委身于他。在待嫁的喜悦中，她等不及地要与卡萨尔邦并肩完成那本名为《神话索引》(The Key to All Mythologies)的旷世巨作，并幻想在知识的庙堂里，自己将成为一名快乐的女祭司。

然而天真热切的多萝西亚所没有看到是，她真正的角色，并不是女祭司，而是一枚祭物。

乔治·艾略特（George Eliot, 1819—1880，本名 Marie Ann Evans）在《米德镇》的第一章里，就对多萝西亚那文艺女青年的征兆做了精微的描写：

"多萝西亚的美，是那种因为不注重穿着而使人顿觉舒缓的美……她装束平实，穿梭在米德小镇人的服饰中，制造出一种特殊的印象，像是出自圣经的一段金句，抑或是暮年的诗人所写出的一个诗句。"

她的不合时宜，使人怜爱，亦使人为她担忧。欲与知识结合的热切，使聪慧美丽的多萝西亚在没有认清卡萨尔邦之前，就对他照单全收。她从未考虑到性格在婚姻中所将扮演的重要角色，只一意地将卡萨尔邦假想成一位能干的舵手，将在无涯的知识之海里，引她一同寻幽访胜。

然而卡萨尔邦却只是一位十分平凡的男子，他苍白乏味，没有任何生活的情趣，成日在书本堆砌的城堡中，过着没有颜色的日子。像其他枯竭的学究一样，他的情感世界一片荒芜。他没有爱人的能力，因为他基本是一个只能顾及自己的人。他假借着知识的光环膨胀自我，并认为别人为自己的牺牲都是理所当然，因为他所投注的是重要的学术研究，所以多萝西亚的青春，并不是奉献给他个人，而是对全人类的奉献。

他用堂皇的知识装饰出自己高人一等的门面，其实，他所追求的知识却并不高超。多萝西亚逐渐发现，卡萨尔邦在智性上的追求，和他的情感世界一样贫瘠，除了引经据典，反刍前人的说辞之外，他根本没有任何稍具原创性的观察或洞见。

乔治·艾略特借着其他角色的对话，如此地描写卡萨尔邦：

"'他的身体中没有一滴真正红色的鲜血。'

'就算有，放在显微镜下观察，那滴血里也只有分号与括号。'"

其实更正确的说法，可能是"他的血中只有单引号与双引号"，因为卡萨尔邦只是一个二手资料的贮存器，除了奴性地引述前人的意见以外，他根本无力动笔写自己的书。

在意大利的蜜月期间，多萝西亚有了初次的"觉醒"。短暂的共处，已使她看出卡萨尔邦是一个全然没有喜悦的人，两人在肉体与精神上水乳交融的可能，都实时幻灭。在充满古迹的意大利,卡萨尔邦毫无实地探访的欲望,却情愿躲到图书馆里,在发霉的书籍中,去重造一个二手再二手的古老世界。即使是在学问的领域里,他也惧怕着直接的经验。

意大利似乎是唤醒一个人情感智能的最佳所在。也许是当地阳光中特异的色彩,使人事染上一层鲜明与精锐的轮廓,亦可能是那直接刺激着感官的氛围,使人不再能满足于间接的经验,更可能是因为古今实物并存的周遭,使人对生命及存在有了更深的视野。无怪乎文艺复兴运动发生在意大利,而文艺复兴运动在本质上就在唤醒人们对身体感官的自觉与认可。除了多萝西亚之外,意大利亦是不少其他"文艺女青年"梦醒觉悟的所在。我们如果要写一篇以"意大利与女性觉醒"为题的文学论文,大概可在十九与二十世纪的小说中,找到不少的佐证。亨利·詹姆斯(Henry James)的《仕女图》(*The Portrait of a Lady*)是其一,伊莎贝儿·阿切(Isabel Archer)就是在罗马发现自己所嫁非人,她的丈夫奥斯蒙(Gilbert Osmond),和卡萨尔邦一样,是一位自我中心且没有爱的能力的人。此外,福斯特(E. M. Forster)的《采景之室》(*A Room with a View*,1907)出版在《米德镇》的三十年后,女主角露西·霍尼彻奇(Lucy Honeychurch)亦是在意大利首先意识到没有情感滋润的智性追求是如何的空虚。她最终取消了与另一位没有血色的"学者"西塞·维斯(Cecil Vyse)的婚约。解除婚约时,她曾对他说:"你永远不可能和任何人有亲密的关系,尤其不可能和女人。你把自己包裹在书堆中,因为你害怕生命。现在你也想用书把我围起来。"

这三部以女性情感觉醒为主题的教育小说（Bildungsroman），都选择了意大利作为它们故事的背景。其实一部以知识——客观知识、道德知识、情感知识——为主题的故事，恐怕没有比意大利更适合的背景了，这个所在充满着历史、感官、艺术以及自然的各种隐意。

伊莎贝儿与多萝西亚都不像露西那般幸运，在婚前就能有所醒悟。一旦成为已婚女子，除了继续留在没有情感意义的婚姻中，她们基本别无选择，或不愿做其他的选择（学者至今仍在咻咻争论，伊莎贝儿为何拒绝古德屋（Caspar Goodwood）的求爱，而毅然回到人格低下的丈夫身边）。幸而，多萝西亚和露西一样，也在意大利遇到自己的真爱，那就是卡萨尔邦的表侄赖底斯勒（Will Ladislaw）。两人之间强烈的吸引，自始即在，但碍于传统礼数的牵制而不能有任何行为上的表现。

占有欲特强的卡萨尔邦，却立即感受到了年轻的赖底斯勒的威胁。自知不能活过多萝西亚，竟在遗嘱中，恶意地立下条文，言明多萝西亚再婚的丈夫如是赖底斯勒，她将失去所有的遗产。这样的条文刻意隐射着两人间有不可告人之举，是与事实不符的中伤，也显示出了卡萨尔邦并不十分光明的性格。

最终，自文艺女青年迷梦中清醒的多萝西亚，选择了忠于自己的情感，在卡萨尔邦死后，放弃他的财产，而与赖底斯勒缔结了快乐的婚姻。

最近决定重读《米德镇》，是由爱丽丝·西伯（Alice Sebold）在纽约时报上写的一篇文章引起。爱丽丝·西伯就是五年前因出版《可爱的骨头》(*Lovely Bones*)而一鸣惊人的畅销书作家。她这篇文章写的是夏日阅读，描述自己每年夏天重读老书，像重访老友，而她的书单里正好包括了《米德镇》。西伯在文中提及此次重读《米德镇》，使她突对卡萨尔邦产生无限的同情。这种说辞引起了我的注意，近年来，我对重读经验特别有兴趣，因为迥然不同的重读反应经常发生在自己身上。比如中年以后重读《安娜·卡列尼娜》，就不再能与安娜的爱情产生认同，甚至对她生出些微的反感，倒是对她木讷无趣的丈夫生出极大的同情。爱丽丝·西伯的自白引起了我的好奇，很想知道自己是否也会像同情安娜的丈夫那样，开始同情卡萨尔邦这无趣的老学究。

重读后，我仍难以对卡萨尔邦产生出太大的同情。怜悯是有的。卡萨尔邦的生命到底是孤独与欠缺的，他穷尽一生所钻研的学问，最终并不能给他太多的安慰。然而也因为惯受社会宠爱的"知识分子"的身份，反而使他在情感上丧失了自省与成长的能力，最终也只能把自己的不快乐，全都怪罪到他人头上，才会对赖底斯勒生出那样大的怨恨。

卡萨尔邦的"学问"，建立在化约（归纳）的基础上。研究神话时，他企图筛滤个别故事，在其中找出一个足滋诠释全体的理论系统。而他做学问所用的化约功夫，亦被完整地转移到现实生活之中。于是，活生生的人，必被化约成某种抽象的类型，才有存在的价值。初遇多萝西亚，卡萨尔邦就立即将她归为贤内助的类型，因此是宜室宜家的对象，至于多萝西亚异于常人的热情与对知识的憧憬，却完全不在他的感知范围之内。追根究底,卡萨尔邦是一个没有处理"个别"事物的能力的人——不论是个别的神话故事,或是个别的女人。换句话说,对卡萨尔邦这位以化约为认知手段的知识分子而言,事物的个别性或是个人的独特性格——包括自己妻子的个性——都是没有价值的。他一生所致力的求知目标,是终极的见林不见树。

那么,透过多萝西亚失败的婚姻,《米德镇》所揭示的难道是对"知识"的否定吗?对"知识"盲目的信任,显然造成了多萝西亚不幸的婚姻。但在不幸的第一次婚姻之外,乔治·艾略特亦在这本小说中,给予了多萝西亚最终的幸福,并为我们描述了多萝西亚与赖底斯勒这两人在情感与智性上的完美结合。所以,《米德镇》的主旨,并不是对知识的弃绝,而是对知识的重新定义。以多萝西亚两次婚姻的对比,乔治·艾略特提出超越化约手段的知识新义。真正的知识必须融合一般性与个别性,并与生命挂钩。赖底斯勒初遇多萝西亚时,曾郑重地对她说:"当我看到美与良善的人与事时,我就生出爱心。"这是艾略特所认可的真正的知识——不是化约与推论的结果,而源自情感与本能的判断。

2006年,任教于哥伦比亚大学的孟德尔孙教授(Edward Mendelson)出版了一本文学论文集,刻意扬弃文学理论与历史传记的取向,而在生命的格局里阅读文学作品。这本书的书名是《要紧之事》(*The Things That Matter*),顾名思义,它企图拨开花哨与聪明的文学诠释,而直指生命重大的题旨,他引列七本经典小说,以之映照人生七个重大的阶段:出生、童年、成长、婚姻、爱情、育儿、未来。这也是对现今文学愈益理论化的一种反动！然而统筹现代文学理论的知识论，其实就是卡萨尔邦所操演的化约过程。现代文学理论，尤其是后现代的文学理论，以化约的手段将独特的文学作品演绎成某种功能系统、历史架构或是哲学体系，却彻底地否定着文学作品的个别性。

《米德镇》在本书的"婚姻"一节中被讨论。《米德镇》里有五对婚姻，如果加上多萝西亚的第二次婚姻，则共有六桩婚姻。六桩婚姻各有各的式样，各有各的长处与短处，各有各的了解与误解，也各有各的无知与相知。作者亦在婚姻的架构中，讨论了"知识"的意义。在这格局中，知识不是来自书本或实验室的"客观知识"，而是"生活的知识"，也就是乔治·艾略特所描述的"真正的知识"：在抽象的通性之外，知识必须是与私己连接的，不但要有强烈的个别性，更要有个体的情感自觉。

卡萨尔邦穷尽一生也写不出那本有关神话的巨作，因为他拒绝让有生命的阳光照亮他所研究的古迹，他选择在阴暗的图书馆中揣摩废墟的形状，因为他害怕日影移动里的不确定。然而，生命的本质就是混乱与不确定。少去生命的阳光，而仅凭黑影所建构出的理论，不论多么完美无缺，都仅只能是一个毫无生命的废墟。

也就是意大利的阳光了！它照亮着古老生命所遗留的痕迹，敲响了历史的回声，也唤醒了多萝西亚、伊莎贝儿·阿切以及露西·霍尼彻奇。使她们终于走出了文艺女青年无以为寄的年轻热情，接受并认识了自己情感的本质，以此，她们寻求到了真正的知识。真正的知识赋予她们自由，使她们不但不必弃绝女性的自我，相反的，这新的知识，使她们终能拥抱自我，并能拥抱那她们曾认为是属于阴性的、次等的爱情。

呼喊的女人

1895年11月,哈代(Thomas Hardy,1840—1928)出版了他的第十二部小说《无名的裘德》(*Jude the Obscure*)。书出版后,攻击之声立即从四面升起,激烈的程度不下于一年前才发生的、对王尔德(Oscar Wilde)同性恋行为的审判。围剿《无名的裘德》的不仅有文评家,还有教会的主事,威克菲尔德主教(Bishop of Wakefield)就曾以当众烧书的戏剧性手势,来表现对这本书的不满。

《无名的裘德》是一部极端阴沉且充满绝望的书,发生在主人翁裘德身上的苦难,如冰冷之水,反复浇洒于读者心头,直至灭绝与麻木。书中最引人争议也最令人寒战的情节,是裘德早熟的孩子"小父时"(Little Father Time)为减轻父母的负担,决定勒死年幼的弟妹再自行上吊的叙述,他的遗言只有几个歪斜且错拼的字句:"解决了,我们人数过多。"一个年幼的孩子竟将自己的生命视为多余,更进而提出了那最终极的解决之道,没有比这更惨烈的对绝望的描写了。以此冷酷的情节,哈代毫不留情地在社会、宗教、婚姻、家庭的层面上,彻底否定救赎的可能，这不但是对神恩存在的质疑，更是对社会不公义的控诉。也无怪乎这部小说会招来如此激烈的抨击。

哈代的小说一向以悲剧意识著称，除了《远离尘嚣》（*Far from the Madding Crowd*）之外，所有的小说都有着极为悲惨的结局。然而就是在哈代充满悲剧意识的小说世界里，《无名的裘德》亦独树一帜，在悲剧的深度与广度上远远地超过了其他的小说，它所描绘的死荫幽谷，有着全然不同的质地。连尊称哈代为英国文学史上最伟大悲剧小说家的伍尔夫（Virginia Woolf），也不免对《无名的裘德》另眼看待。她以"悲剧"及"悲观"在艺术视景上的分野为鉴识标准，而认为《无名的裘德》是一部失败的小说："《无名的裘德》是哈代小说中最令人感到痛苦者，也是唯一可被指控为有悲观情愫的小说，这部小说以过强的议论蒙蔽了印象，刻画出令人难以隐忍的苦难，这早已超出了悲剧的范畴，而坠入了悲观的深渊。"

英国当代最优秀的传记家克莱尔·汤姆林（Claire Tomalin）在她新近出版的传记《哈代》（*Thomas Hardy*, Penguin Press, 2007）一书中，也花了不少的篇幅描述《无名的裘德》，她将《无名的裘德》形容成是《约伯记》的重述，书中深重的苦难，如海浪般不断袭来，阅读这部书就如同被人一次又一次地以砖块当头痛击。

也许因为这样的争议，《无名的裘德》出版后，哈代就决定放弃小说的写作，而开始专心写诗。《无名的裘德》就此成为哈代在小说文类里的封笔之作，在剩下的三十年生命里，他不曾再提笔写过小说。哈代本人却拒绝承认这项决定与《无名的裴德》所受的批评有关，他坚持诗才是自己的真爱，小说的写作完全是为生计所做的妥协。而《还乡》(*The Return of the Native*)与《苔丝姑娘》(*Tess d'Urbervilles*)这几部小说的畅销，赋予了他经济上的独立，使他可以放手自由地写诗。

而哈代在诗的创作上，竟然也有着与小说平起平坐的成就与产量（晚年才开始写诗的哈代，一生出版了将近一千首诗）。继1898年出版的《威塞克斯诗集》(*Wessex Poems and Other Verses*)后，又接连有以乡村生活及历史为主题的诗集出版。文评家至今仍在争论他在哪一种文类中的成就较高：哈代到底是较优秀的小说家，还是较优秀的诗人？

伍尔夫在评点哈代早期较不成熟的小说时，已看出他是一位天生的诗人，她说："哈代是诗人的事实不说自明，但他是否可以成为小说家，则尚待观察。"在此，伍尔夫所指的诗人气质，并不仅限于哈代对大自然富于诗意的描写，她所指的更是深藏于哈代内心那些相互冲突的矛盾力量，如社会规范／自然法则，人世的易伤／自然的静谧，知识的饥渴／天真的纯静……与缓慢的小说叙述相比，诗的文体似乎更能承载这些二元冲突所制造出的张力。福特·麦道斯·福特（Ford Madox Ford）在他的回忆录《来自生命的画像》(*Portraits from Life*, 1937)中对哈代弃小说而从诗的事件，也有论断："其实英国的小说家都应该转向写诗。英国的气候、语言、心理、对确切的厌恶等，都暗示着诗的平易形式才是较为适合英国小说家的文体……梅瑞狄斯（George Meredith）毫无疑问是一个较好的诗人；塞柯瑞（Thackeray）可能也是；甚至狄更斯……

哈代也是。我深知哈代写的是非常英国式、充满幻想、又有一点严厉的田园牧歌……介于邓恩（Donne）及泰布勒斯（Tibullus，罗马诗人，54BC—18BC）之间。"福特又将哈代的诗与他善于描写田园风景的小说相比，而称赞哈代的诗"为人类情感的风景，制造了一个庞大的、可环视全局的视角"。

在英国文学史上，像哈代这样脚跨两种文类，且在每一文类中都有如此成就的例子并不多见。更难得的是，他的成就不仅只在质量与数量上的突出，更显现在文学史中承先启后的意义。文如其人，哈代的文学作品巧妙地对应着横跨十九、二十两个世纪的生命。

哈代最著名的诗作《沉暗的鸫鸟》（*The Darkling Thrush*），写于1900年12月31日，也就是十九世纪的最后一天，其对历史意义的用心已非常明显。而诗中描述的时代荒芜感，又在意境上直接呼应着十九世纪最重要的诗作——也就是马修·阿诺德（Mathew Arnold）的《多佛海滨》（Dover Beach），但在意象上，它却又令人想起了另一首二十世纪的重要诗作，也就是艾略特的《普鲁佛洛克的情歌》。哈代的诗行："缠结的蔓藤谱写天际／如破碎之琴的断弦……大地尖锐的面容似是／世纪陈展的尸首（The tangled bine-stems scored the sky/ Like strings of broken lyres...The Land's sharp features seemed to be/The Century's corpse outleant），完全可与艾略特的诗行对读："黄昏铺展于天际／如病人麻醉于手术桌上"（When the evening is spread out against the sky / Like a patient etherised upon a table）。

哈代诗作的现代性及其对二十世纪现代诗派的影响，已被不少文评家用心研究过。汤姆林在哈代新传中,却对他的抒情诗提出了更多的关注与更高的评价。秉持传记家以生命审视文学的视角,汤姆林企图在哈代的生平事迹里,找寻这些抒情诗的灵感泉源,而最终将之归于第一任妻子艾玛(Emma Gifford)的突然去世。汤姆林戏剧性地将艾玛的去世举列为哈代诗人生涯的分水岭。《哈代》一书是这样开始的:

> 1912年11月,一位年长的作家失去了他的妻子。他没想到她会死,当然他其实有很久没怎么注意过她了。他们之间早已无话可谈,他爱着另外一个女人,而这许多年来,她也一直避着他,自己睡在阁楼上的一个小房间里……11月27日的清晨,女仆达莉发现艾玛有些不对,但艾玛并没有诉苦或抱怨,只要求达莉去把哈代找来……哈代费力爬上狭窄的楼梯,一面喊着:'艾玛,艾玛,——你不认识我了吗?'但她已失去知觉,几分钟后她停止呼吸。艾玛·哈代死了。
>
> 就在那一刻,哈代成为了一位伟大的诗人。

有如季节的交替,艾玛的死竟造就了伟大诗人的生。汤姆林所指的,也就是哈代在艾玛死后所出版的一组悼亡诗。这组诗后来以《1912—1913诗作》之名出版,并以"旧时火焰的痕迹"为副题,点出诗的悼亡本质。以伤逝与悔恨为基调,诗人在弥漫着自责的氛围里,哀叹两人后期的疏离,责备自己对艾玛长期的冷漠,感伤一切的不可挽回,并浪漫地回忆着他们相爱的过去……他在诗中掺杂着自己与艾玛的叙事角度,遍数记忆的细节:她穿着天蓝的毛衣,在一个街角等他;在初识的康沃尔(Cornwall)海边,艾玛骑着马,一任头发在空中飞扬……在生活的每一个角落里,他都看得到艾玛的鬼魂,听得到艾玛的呼喊。除了伤逝与回忆,他更在重造,渴望用充满情感的视景,一笔消除两人多年来的离异与不快乐。

《声音》(The Voice)是这系列中最广被阅读的一首,全诗以一鬼魅的呼声开场,萦绕不去,低回地回响在全集的每一首诗里:

> 被渴念的女人,你如何呼喊着我,呼喊着我
> 告诉我今非昔比
> 你曾是我的一切,但一切已改
> 从我们的当初,从我们还是快乐的日子

这些诗所呈现的情感强度,与冷冽的《无名的裘德》形成了极端的对比。虽然同是一种悲怆与悔恨,哈代的诗行却燃烧着白热化的光辉与灼热。在回忆里,哈代似乎找到了在《无名的裘德》中完全缺席的救赎。无怪乎汤姆林认为艾玛的死是诗人创作生涯的分水岭,自此,哈代提升了他的诗作,而成为了一位"伟大"的诗人。

哈代与艾玛于1870年相遇在偏远的康沃尔。那时哈代还是一名建筑师,被派往康沃尔执行一项教堂的修复工作,而艾

玛的姐夫正是那所教堂的牧师。与"蓝领"阶级出身的哈代相比，艾玛有着较高的社会地位，她的父亲是一名律师，父执辈也多是牧师或教师，算是"白领"的中产阶级。哈代的父亲却是一名泥水匠，母亲婚前曾在富人家里当过女仆。

社会地位的差距，将在两人后来的关系中扮演着重要的角色，因为哈代与艾玛都有着过分重视社会地位的弱点，亦不能超越维多利亚社会势利与俗气的价值观。因此，艾玛在哈代面前，永远有一份莫名的优越感，而哈代对艾玛亦无法完全消除那因阶级而生出的敬畏，但这种敬畏，也使哈代对她生出幽微的怨恨。

哈代对艾玛的吸引力，来自他是"外人"的身份，对于他曾居住于伦敦的事实，艾玛投注了过多的钦羡，因为那正是自己所向往的生活。对于身陷偏远地区的艾玛而言，哈代成了海阔天空的象征。《还乡》的女主角尤泰莎（Eustacia Vye）可能正是取材于康沃尔时期的艾玛。和尤泰莎一样，艾玛一心想逃离狭窄的乡野生活。

艾玛喜爱文学，有成为作家的野心。两人兴趣相投，在寂寞的乡间顺理成章地成为伴侣，加上身处偏远之地，暂时逃脱了维多利亚社会男女之间严格的分际，情感得以快速发展。哈代离开康沃尔后，他们继续保持通信，终在1874年9月不顾双方家里的反对，结为夫妇。然而从他们相识的1870年到结婚的1874年，四年间，哈代的文学生涯却有着戏剧性的飞升，他的小说开始在雷斯利·斯蒂芬斯（Leslie Stephens，也就是伍尔夫的父亲）所办的《康希尔》（*Cornhill*）杂志上连载，备受瞩目。

照理说，事业有成，有情人又终成眷属，这应是快乐的开始，然而哈代与艾玛的婚姻，却从一开始就是不快乐的。两人背景上的差距，始终是一个潜在的因素，双方家庭的敌意，也加重了两人之间的紧张关系。同时，艾玛自己想成为作家的梦想不得实现，对哈代如日中天的文学地位有着不自觉的嫉妒感与占有欲，她自认有权分享哈代的成就，于是在人前人后谈论着"我们"的小说，这使哈代生出了无比的反感。当然，他们之间最严重的问题，是这桩婚姻没有产生子嗣的事实，这是两人的心结，也是彼此之间距离越拉越远的最大原因。

然而最终引致两人决裂的，却是《无名的裘德》一书的出版。艾玛晚年在宗教上越趋严厉保守，完全不能接受《无名的裘德》这部没有救赎之光的小说，她尝试阻止书的出版，四处托人劝说哈代打消出书的念头。但哈代早已做下决定，并刻意对艾玛隐瞒出书的计划，以致面对出版后的轩然大波，艾玛除了震惊之外，有着更多受辱之感。其实艾玛对《无名的裘德》的厌恶，也并非完全是来自宗教上的考虑。《无名的裘德》有着太明显的自传成分，主角裘德和哈代一样都是一名泥水匠，也和哈代一样都因出身卑微，徒有智性上的能力与上大学的理想，却不能有实现梦想的机会。最终，裘德是个完全被击败的人，社会、宗教、婚姻一起背弃了他。而最使艾玛不安的，却是《无名的裘德》对婚姻的悲观写像，对于作为哈代妻子的艾玛而言，这无疑是一种间接的指责。

哈代承继了母亲洁米玛（Jemima）对婚姻极为负面的看

法。洁米玛因未婚怀孕而陷入了婚姻的牢狱,她一生都希望自己的子女不要结婚,而四个子女除了哈代之外,也竟然都遵循了她的愿望。哈代虽然违逆了母亲的愿望而结了婚,却仍信守着母亲对婚姻的负面看法,在写给他所爱慕的弗洛伦斯·汉尼克尔(Florence Hennicker)的信中,他曾说:"现今女性已被解放,有各样的机会,如果我是女人,我绝不轻易陷入婚姻制度。"

《无名的裘德》出版后,艾玛与哈代的关系终告决裂,哈代另有情人,艾玛则独自过着自己的生活。令人惊异的是,在这有名无实的婚姻里生活数十年后,艾玛的死竟在哈代的生命里激起如此大的浪潮,释放出如此强烈的浪漫情感,使他写成了汤姆林认为是英国文学史上最优秀的悼亡诗!对这组悼亡诗有极高评价的文评家也绝不仅限汤姆林一人,英国著名的诗人拉金(Philip Larkin,1922—1985)亦对这组诗赞赏有加,认为它们有着"脊椎骨一般贯穿全局的思想,每一首诗又各自有着独特的曲调"。

然而与诗中巨浪式的激情相比,艾玛的死却似乎没有在哈代的现实生活里激起任何轻微的涟漪。艾玛死后几个星期内,他的情人弗洛伦斯·杜达尔(Florence Dugdale)就搬进了哈代与艾玛共筑的"马克斯门"(Max Gate),不久之后,弗洛伦斯也成为了哈代的第二任妻子。这快速的续弦令人想起了《苔丝姑娘》的结局,苔丝被捕尚未受绞刑前,安格尔·克莱尔(Angel Clare)就与苔丝的妹妹丽莎露配成对。哈代似乎并不认为现实里的悼亡,有太大的意义或太多的价值。

现实生活与文学创作中的两极态度,似乎也意味着哈代可以清楚地划分两者,使之在平行的轨道上互不相交地前进。诗中对逝者表现出的白热化的思念,完全没有在现实里显现的必要。我们不免要怀疑,悼亡诗中的艾玛,是否与现实里的艾玛有任何真正的关联。那诗中的"她",其实也许没有名姓,只是借用了艾玛的历史生平。她只存在于哈代的想象之中。

如此说来,第二任妻子弗洛伦斯对这些悼亡诗的嫉妒,也是多余了。如果弗洛伦斯也早哈代而去,谁又能预料哈代不会同样地写出另一组热情洋溢的诗篇?

弗洛伦斯原是仰慕哈代的文艺女青年,她主动造访哈代,艾玛还在世时她就对他展开攻势。因为出身卑微,弗洛伦斯对名流的过分攀附,成为文坛上的笑柄。毛姆的《饼与酒》(*Cakes and Ale*)就常被认为是讽刺哈代与他第二任妻子的小说,传言如此之盛,使毛姆不得不在前言里,一再做着此地无银三百两的否认。

其实艾玛生前的人缘也并不佳。福特·麦道斯·福特的回忆录,就对她一无善言。艾玛一心想成为作家的野心,在男性中心的文坛里,难免招来冷嘲热讽。福特第一次造访哈代时,作家不巧外出,只见到他的妻子,福特刻薄地说:"她强迫我听她念自己写的那些索然无味的诗。"在庆幸哈代弃小说而从诗的同时,福特又免不住要对艾玛恶言几句:"我希望哈代成为成功的诗人,如此,他就可脱离妻子的掌控了。"言下之意,数十年来哈代隐忍对诗的热情,而写畅销小说的原因,就是为了要供养他那欲求无厌的妻子。这与汤姆林理论对照来看,无形间生出极大的反讽,在汤姆林笔下,艾玛乃是激起哈代写出伟大诗篇的灵感泉源,到了福特笔下,她却成了哈代写诗的最大障碍!

其实对诗人哈代而言,艾玛可能既不是缪斯,也不是女巫。她最多也只是一团触媒,以自己的死激起了哈代最善于处理的悔恨情绪,而造就了那些感人至深的诗篇。诗中的细节虽然与她挂钩,但诗的对象却不是她,而是伤逝与悔恨的情绪。艾玛生前也说过,哈代只了解他自己所创造的女人,对现实生活中的女人,他一筹莫展。随着艾玛形体的消逝,他们关系里曾有的问题——社会的地位、个人的野心、家庭的敌对、传宗接代的焦虑——亦随之消失,在哈代的想象中,他们的情感,因为只有精神的向度,所以可以回到最初的清纯,而达到了如柏拉图理念那样的纯粹。其实所有的悼亡诗不都是这样的吗?它们所关乎的永远是悼亡者的精神状态,而非被悼亡者的记忆。苏东坡的"十年生死两茫茫……"虽以亡妻为对象,有着"小轩窗,正梳妆"那样个别性的细节,但全诗所传达的却仍是一种宇宙性的、对时间流逝的伤感。换句话说,哈代的艾玛悼亡诗,其实只是哈代对过去的投影与重造。诗中那呼喊的女人,来自哈代的想象,与现实的艾玛,不见得有情感上的交集,又因近乎抽象,那呼喊的女人可以是艾玛,可以是弗洛伦斯,可以是哈代的母亲,甚至可以是一个没有性别的、叫做"时间"或是"悔恨"的概念与情愫。

"悔恨"的情愫,一向是哈代悲情的中心。他对于"一切都晚了一步"的营造有着特殊的溺爱。《苔丝姑娘》的悲剧,就完全建造在这样的悔恨之上。当安格尔最终接受苔丝的过去，回来寻找她时，一切都晚了一步，更令人悔恨的是，苔丝尚未被诱奸成孕前，两人曾有一面之缘，有过四目交接的一刻，这为他们悲惨的结局平添上更多的悲怆。这一连串的"假如"——假如他们初次见面、苔丝还是那十六岁清纯的女孩时，安格尔选择了她做舞伴……假如在新婚之夜，安格尔超越男女贞操的双重标准，而像苔丝原谅他的过去那样原谅了她——在《苔丝姑娘》悲惨的故事情节之后，烘托出悔恨交加的氛围。而哈代小说的特殊语境，就是建立在这每一步的错误本来都可避免的懊恨之上，就是因为可避免却终不能避免，而更加重了命运的漠然与人意志力的微不足道。《卡斯特桥市长》(*The Mayor of Casterbridge*)里因酒醉卖掉妻女的男主角，曾有重新寻获妻女的机会，错误似有可被弥补的一刻，但那最终仍然只是一个幻想，一切都晚了一步，悲剧接二连三而来，直至全盘皆毁。

哈代的悼亡诗也正是这种悔恨情绪的展现，他几乎需要自虐地将自己浸淫在"一切都不可挽回"的悲情里，才能稳固作品的精髓，那个呼喊的女人是不是艾玛，已不重要。她只是悔恨之情的配角。

华兹华斯（William Wordsworth）在《抒情歌谣集序》(*Preface to Lyrical Ballads*)中曾对抒情诗提出过那著名的定义："诗是感情的自然流露"(the spontaneous overflow of emotion)，哈代的悼亡诗完全符合这样的形容，但他写抒情诗的方法，却完全背驰了华兹华斯所说的"在平静的回忆中得之"(recollected in tranquility)。哈代似乎执意要让自己淹没在悔恨的狂流里,在女鬼凄厉的呼喊声中,他才能找到艺术的视景与情感的核心,从而写出那些鬼影憧憧、回声漫漫的悼亡之作。

简·奥斯丁的画像

近年来,简·奥斯丁(Jane Austen,1775—1871)的小说似乎特别受到电影界的偏爱,她主要的几部作品都拍成了电影,有些还有好几个版本。但基于某种原因,熟读奥斯丁的读者,普遍地对这些电影感到不满。这可能是因为电影与文学在本质上的不同,也可能是因为电影删减了太多文学作品里的细节,而造成了读者意犹未尽的感觉。但奥斯丁小说的改编对读者所造成的失落感,却不仅只是来自细节的丧失,而更是因为奥斯丁小说所特有的叙述声音,常因媒介的不同而消失在以影像叙事的电影里。如《傲慢与偏见》开场那睿智与诙谐的宣告——"这是普世公认的真理,一位单身汉在有了财富后,必然会有妻室的需求"——不论如何以旁白穿插在电影中,都仅只是附加与穿插,而不是灵魂与骨干。而奥斯丁的小说偏偏又多是女子找寻丈夫这类的题材,只有故事而没有文学质地的改编,一不小心,就落入了通俗言情剧的窠臼。

除了艺术质地的考量外,电影版的奥斯丁还有另一更重大的问题,那就是奥斯丁小说非视觉的特性,与电影的本质是相互冲突的。奥斯丁对视觉效果的缺乏兴趣,尤其显现在对女性人物外貌的描写。检视奥斯丁的小说,我们找不到太多有关女性外貌的描写。因此,以画面及影像为叙述手段的电影,对奥斯丁小说所做的最大"残害",就是将书中的女主角在外观上定型,以此而消损了我们在想象中为她们所保留的特殊地位。

奥斯丁给了我们一群令人难忘的女性人物:《傲慢与偏见》里独立的伊莉莎白·班拿特,《艾玛》里自以为是的艾玛·伍德豪斯,《理性与感性》里通达人情世故的依莉诺·戴序伍,《劝说》里历经沧桑的安·艾利尔特……我们随时可以忆起她们的笑声、谈吐与性格,但却无法清晰地描绘出她们的面容。这并不必然是奥斯丁小说的缺点,反而正是奥斯丁小说引人低回的原因。这种"留白",不但给予我们的想象以最大的空间,并容许读者在心灵中,为小说人物做具有个别性的勾勒。但电影强烈的影像,却将这氤氲流动的汁液做了彻底的固体化,使人顿生失落之感。不管担纲的是哪一位女星,与我们庞博的想象相比,都只是一个缩写,琐碎了在我们想象中不断滋长的人物。而近期拍摄的电影,除了爱玛·汤普森(Emma Thompson)还算贴切外,其余的女明星似乎都因过于"漂亮",而更加重了将奥斯丁小说"言情化"的危险。

其实,轮廓模糊的不仅是小说中的女主角,奥斯丁本人的相貌更是文学史上的一大谜题。我们没有任何有关她长相的资料,唯一可靠的画像是她的姐姐克珊蒂拉(Cassandra)于1810年(这时奥斯丁应已是三十五岁了)用铅笔与水彩所作的素描。这幅画虽然出自与她亲熟的姐姐之手,侄女安娜却曾一口咬定，画里的女人一点也不像奥斯丁。这幅收藏在伦敦国家画像美术馆里的画，如有任何可信度，那么奥斯丁并非美女的说法，恐怕是十分正确了。画中那个女子十分家常，戴了一顶睡帽，帽边露出几撮不整齐的卷发，嘴边带了半个似是而非的微笑，眉头微皱，像在为什么事情生气。不知为什么，画中这人透露着一种几近刻薄的寒碜，令人难以相信她是那位写幽默豁达小说的作家。当然也有可能，这幅画所展现的，是画家能力的缺失，而不是模特儿色相的缺失。

好在奥斯丁没有生在一个以作者形象为促销手段的时代，否则她的写作生涯恐怕要因为容貌而寿终正寝。克珊蒂拉的那幅素描，如果放在书页上，大概不能招徕太多只看封皮而不看内容的购买者。但是不以相貌为卖点，奥斯丁在几个世纪中，却以那些令人珍爱的小说，在英国文学史上建立了稳固的地位。但这显著的文学地位，仍无法使她豁免于我们这虚荣与浅薄的时代所加诸她的侵扰与羞辱。英国华兹华斯出版社最近重印奥斯丁的传记，为了附和才女必须是美女的时代要求，出版社竟对奥斯丁做了巨大的整容手术，以期能有一张较为体面的照片摆在封面。美工人员以现代计算机技术，将克珊蒂拉的那张画像，做了彻底的整修与改造，他们先除去那顶可笑的帽子，再加上许多蓬松的卷发，最后再在奥斯丁的面颊上擦上一层非常女性化的红粉胭脂。原画中那隐约的刻薄顿然消失，但随之而去的却是那虽然不悦却还存在的一点个性。现代科技造就出的是一张较为女性化也较为"好看"的面孔，但那却也是一张僵硬且毫无个性可言的脸孔。一位替奥斯丁打抱不平的作家，将整修后的面孔形容成是"哥伦比亚电影公司的卷标与罗马钱币上的人头的混合物"。犬儒一点的人更说，这对奥斯丁的改造，完全是要模仿《成为简·奥斯丁》(*Becoming Jane*)这部奥斯丁传记电影的美艳女主角安妮·海瑟薇（Anne Hathaway）。华兹华斯出版社到底还要顾及出版社的地位，不好太过嚣张，他们其实真恨不得能干脆把安妮·海瑟薇的美女照放在传记的封面，鱼目混珠，以招徕那些以为奥斯丁是美女而买书的顾客。其实以电影促销文学早已成为现今出版工业的普遍手法，凡有被拍成电影的文学作品重印，放在书面上的，必定是来自电影里的剧照。既然奥斯丁的小说多已被改编成电影，不久之后，奥斯丁所有的小说大概都会以美丽的女明星作为封面。凯拉·奈特丽（Keira Knightley）将成为永恒的伊莉莎白·班拿特，而格温妮斯·帕特洛（Gwyneth Paltrow）则是永恒的艾玛。

华兹华斯出版社的经理海伦特·瑞勒（Helen Trayler）对奥斯丁整容的举动，毫不以为意，她说奥斯丁本就不怎么惹眼，自然有修面的必要。她更理所当然地说："奥斯丁可能是最可读也最能激发阅读兴趣的作家，但把她的肖像放在书的封面，却绝对激发不起任何读者的兴趣。"她甚至扬言，下次出版同样貌不惊人的艾略特（George Eliot）时，也将如法炮制，大肆对艾略特施行整容手术。

这种说辞难免令人咬牙切齿，更不用说这态度里所暗藏的性别歧视了。不过在这重色轻才、美女作家挂帅的年代里，有出版社还愿意出版奥斯丁低调且拒绝描绘女人外貌的作品，已属奇迹了。这恐怕还是受了那些改编电影的帮助。

对于某些奥斯丁的粉丝而言，她的美丑也的确是一件足以引起焦虑的议题。这些粉丝求好心切，深恐奥斯丁成为作家的唯一理由，只是因为她没有可以找得到丈夫的容貌。更令人担心的是，奥斯丁执意写那些适婚女子找寻丈夫的故事，是不是一种自己得不到的移情作用呢？其实，如果真要循序这样的思路，那么作为奥斯丁的粉丝，我们可能还真要庆幸奥斯丁只有"不惹眼"的相貌。因为受拒于婚姻市场，她才能有发挥文学才华的机会。如果奥斯丁"不幸"是一位绝代美女，成为婚姻市场里的抢手货，她嫁为贵人妇的那天，就是我们失去这些丰富文学遗产的日子。

相貌平庸对于作家还有一个好处，因为不引人注意，她才可以不受干扰地混在人群中，将人间的姻缘喜剧尽收眼底。就像英国作家克来夫·詹姆士（Clive James）所说的："在舞会上，也许没有人会注意到简·奥斯丁，但简·奥斯丁却注意到了所有的人、所有正在发生的事。"

奥斯丁生平有过一位求婚者，她先许诺了婚约，却在结婚的前一天晚上突然脚冷而解除了婚约。对奥斯丁的粉丝而言，这也是同样惊险的一刻，刻印着奥斯丁文学作品有与无之间的契机。

然而，在奥斯丁的时代，作为一位嫁不出去的老小姐，必也有她无比的委屈吧！社会的冷眼不说，家人的焦虑必是日日要面对的难堪。奥斯丁的家人一定也表现过某种焦虑，否则我们也不会有另一张奥斯丁的画像传世。这幅被称为"来斯"的画像（Rice Portrait），是英国画家韩佛瑞（Ozias Humphry,

1742—1810）的作品，据说韩佛瑞受雇于奥斯丁的叔父，画这张画像的目的，就在于对外宣传奥斯丁家里这位待嫁的女儿。画中的女子穿了一件高腰的长裙装，手里拿了一支洋伞，脸庞红润，眼睛圆大，和蔼可亲，是全力以赴着要讨人喜欢的小女儿模样，与克珊蒂拉素描中那有一点尖刻的女子相去甚远。看来，每一个时代都有在征婚照片上动手脚的伎俩，在没有"胡图侠"（photoshop）的时代，雇请一位稍微愿意说谎的画师是极为必要的。

这幅画一直被奥斯丁的哥哥亨利的后代保存着，直到最近（2007年4月）才被提出拍卖，佳士得拍卖场对这画的估价是八十万美元，然而在拍卖的当天，却连一个叫价的人也没有。奥斯丁惨在婚姻市场与艺术市场中同时被拒。

这幅画如此没有销路，与这画里的人是不是奥斯丁的争议有关。专家以画中人衣着的风格式样为基础，而认定那种高腰的衣服流行的时候，奥斯丁应已是三十多岁的人了，绝不是画中这可人的小女孩。这是从实物上的鉴定。在更复杂的心理层面，也许没有任何一位喜爱奥斯丁的读者，愿意接受画中那漂亮却有一点谄媚的女孩，会是他们心爱的作者。

这些被修改与谎造的奥斯丁画像，就像那些由美丽女明星担纲的电影，它们漂亮、讨好、亲切，却少了生命的质地与重量。它们也许有助于奥斯丁小说的销路，但不幸的是，它们可能也是将奥斯丁浅薄化与单向化的最快途径。

看了电影才去买书的人，能否有耐心把小说读完，是十分令人怀疑的事。电影能诱发人们"买书"的欲望，却不见得有激励人们"读书"的功效。拜电影与电视所赐,奥斯丁如今已是家喻户晓的名字,但真正阅读奥斯丁的人口却不见得因此而有增加。最近发生在英国的一件趣事,就是这样的一个证明。英国巴斯(Bath)奥斯丁文学节的主办人拉斯曼(David Lassman),一日突发奇想,他把奥斯丁作品的章节稍做修改,纂编成名为《第一印象》的小说(奥斯丁的粉丝都知道"第一印象"其实就是《傲慢与偏见》的原名),再将文稿投寄给不同的出版社,以探试这些专业文学的编辑对奥斯丁熟稔的程度,他的这部"著作"原封不动地保留了诸多奥斯丁著名的警句,甚至包括了《傲慢与偏见》那出名的开场白。然而收到稿件的十八位编辑中,竟只有一位编辑识破了"剽窃",其他十七位都以"抱歉,此作不宜本出版社使用"的退稿信件将之退回。看来奥斯丁与现代文坛格格不入的地方,不仅只是她"不惹眼"的相貌,更还有她"不合时宜"的风格。奥斯丁竟遭到了十七位编辑的退稿!唯一识破这场试探的编辑是卡普(Jonathan Cape)出版社的包勒(Alex Bowler),他在回信中幽默地写道:"我对你的《第一印象》的第一印象,是难以置信与微微的恼怒,时亦忍俊不禁,我只能建议你翻开《傲慢与偏见》那本书,我相信它一定就在你的打字机旁,请你仔细阅读那本书的头几个章节,然后尝试着使你自己的作品,不要太像那些章节。"

　　奥斯丁的读者,免不了要对这个事件发出窃笑。得意的是自己可能有着比那些编辑更高超的品味,而值得苦笑的却是,成日把奥斯丁的名字挂在嘴上的文艺人士,他们所认识的奥斯丁，可能只是电影版本，而在面对奥斯丁的文字时，竟是相见而不相识。

电影对文学作品的贡献，恐怕也只在书籍的促销，而非作品的阅读了，奥斯丁电影所能成就的，也只是将奥斯丁炒作成一枚具有商业价值的文艺卷标，作为沾染文艺气息最方便与最速成的方式与手段，并给人一种已识奥斯丁的假想与错觉。然而那些以为看了电影就等于认识奥斯丁的人，应以这十七位编辑的难堪为戒，阅读——尤其是对奥斯丁这类作家的阅读——是不同于电影观赏的经验，而奥斯丁亦是不能被化约或浓缩的。

这一系列的整容、拍卖与退稿的事件，奥斯丁如果地下有知，不知会把它们写成多么好笑的故事。我们为她感到的不平，也就都是多余的了。奥斯丁并不是一个以相貌为悬念的人，因此也从不在小说中为女主角的相貌着墨太多。而她自己也像她所创造的女性角色一样，虽然相貌不清，却有着其他令人难忘的特质。但这些都不是重要的事了，反正奥斯丁的美丑或良善，都不能为我们解说清楚，她的作品何以能有如此的魅力与感染力。要对这样一位作家提出礼敬，我们也只能细读她精致的文字，与细品她文字里的人生，在笑声与时有的泪光中，感激她对人世敏锐的观察，以及在揶揄与微讽中所暗藏的对人世的惺惜与同情。

海蒂续篇

美国当代极为重要的剧作家温蒂·瓦塞斯坦（Wendy Wasserstein）于 2006 年 1 月过世，享年五十五岁。我所居住的圣路易市本季以"温蒂城"之名展开纪念活动，用接力的方式在不同的剧院上演她最重要的几部剧作：《罗森卫格姊妹》（*The Sisters Rosensweig*），《海蒂年谱》（*The Heidi Chronicles*），《美国女儿》（*An American Daughter*）。

瓦塞斯坦的剧作有极重的自传色彩，也多环绕着"女性议题"打转，关切现代女性在爱情、婚姻、事业间的取舍，以及如何在社会传统的压力与自我实现之间找出一个平衡点。她最成功也最出名的剧作，应属得过普利策与托尼两项大奖的《海蒂年谱》，这个剧本以编年纪事体的方式，记录女主角海蒂·哈伦特（Heidi Holland）这位成功的艺术史教授从六十年代到八十年代的生活点滴，以及她对女性主义态度的演化——从六十年代的懵懂意识，到七十年代的积极参与，直至八十年末期的幻灭与失落。循序举隅手法，剧作家借海蒂的个人经验，描绘了女性社会地位在此二十年内的变迁。

我于今年二月重观此剧,感受竟与前几次有着极大的不同。也许是剧作家英年早逝,赋予了这戏某种不同的质地。虽然瓦塞斯坦剧本一贯有的笑声与泪光交织的特质仍在,充满机智的诙谐亦仍叫人忍俊不禁,但纪事体所隐含的"尚在发展"的活力,却因为剧作家的遽然辞世,而蒙罩上了一层历史的沉静,使人不得不因伤逝而有着"回顾"的冲动,戏中的场景因拉深的焦距,而顿然有了里程碑的沉重。

当然,这种感觉也许无关作者的去世,只是站在二十一世纪里回看上世纪的六十至八十年代,难免有着恍如隔世的遥远。一方面,近年女性社会地位的快速变化,使这戏显透着"已为陈迹"的古旧,但在另一方面,议题虽然不同,戏中所记女性为追寻快乐与自我实现的挣扎,在这个世纪里却仍有着强烈的相关性。

表面看来,女权与女性的社会地位在近二十年间的确有着长足的进步。活在二十一世纪里的高中女生,与上世纪六十年代的海蒂相比,有着绝对不同的生命观。二十一世纪的女学生多数相信自己可以拥有毫无限制的前景,她们可以选读任何科系,从事任何工作,也可以怀抱任何的理想。事实上,她们在学校里的各种表现,早已远远地超过了男性同学。美国最好的大学里,女生不仅超过半数,而且通常有着比男生更优异的成绩。许多名校为了保持性别平衡,都不得不降低男生的入学标准,实行有实无名的"男性保障名额"政策。竞争性最强的医学院与法学院,现也多有超过半数的女性学生。女性在政治与公共领域里,也有着惊人的成就,美国众议院有了第一位女性议长，美国与法国有女性的总统候选人，而英国、德国、智利、新西兰以及利比里亚也都有了女性的政治领袖。

我们不免要问，这些令人值得骄傲的成绩是否足以安慰在八十年代里曾经幻灭的海蒂？是否足以使她相信自己一生所信仰的女性主义，终有了开花结果的一日？

八十年代末，海蒂未婚，孤独，很不快乐。她怀疑自己对女性主义的坚持，其实是所有不快乐的根源。对自我完整的执著，使她拒绝下嫁自己她所爱的男子史库（Scoop Rosenbaum），因为史库是一个尚未被"解放"、仍然要求妻子为自己牺牲一切的旧男人。她一生的知己彼得（Peter Patrone）又是一位同性恋者，而那些曾经与她一起共同固守女性主义原则的女伴，亦一个一个地"出走"，放弃理想，变得犬儒，最终投入商业界，忙着利益争夺的事业。面对这一切，她曾有过极度的幻灭与空虚。

但全戏仍以十分昂扬的语调做结。失望与幻灭的时刻虽在，基本的信仰却未被动摇。海蒂仍怀抱希望，并期待她的女儿茱蒂能有一个和她完全不同的人生。

《海蒂年谱》最引人争议的，就是海蒂收养女儿的这个情节了。女儿是她最终重燃希望之火的一个主要的原因。但这行为本身也有它的争议性。首先，为"自我完成"而去领养一婴儿，是一种自私的行为，还是一种博爱的表现？其次，海蒂必须借着领养女儿才能重拾希望的剧情，是否暗示着女性的"自我完成"永远无法超越传统的"母性"的环节？

在现实生活中剧作家本人也和海蒂一样，中年后决定独力生养自己的孩子,她未婚怀孕,至死都没有透露孩子父亲的身份。这是否是一种自私的行为,则是见仁见智的判断了。但在戏中,那被领养的女儿,无疑是一个对未来的隐喻,负载着本剧的意义:一个主义的生机,永远存在于那延续却缓慢的演绎里。

戏的最后一个场景是海蒂与史库的对话,她对这位自己深爱却不能交付终生的男子描述了这样的希望:"也许,只是百万分之一的也许,皮耶(史库的儿子)和茱蒂有一天会在同一班飞机上相遇……那时,他绝不会告诉她,她的选择只在有与无之间,而她也绝不会相信,自己的价值完全要建立在他的首肯之上。也许,只是也许,情况会有所改进。如果这样,我会因此而感到快乐。"

然而从《海蒂年谱》首演的1989年到现今的二十一世纪,女性是否真正跳脱了那"有或无"的死巷呢?在婚姻的抉择里,也许有着程度上的改进,但在其他的领域中,女性却仍然是在"有或无"之间做着不尽完美的选择。最明显的就是养育子女的责任分配问题:女性应忠于工作与自我实现,还是以子女的福祉为首要考量?一位母亲应继续做一个职业妇女,还是应该辞去工作做一个全职的母亲?抑或是如许多乐观人士所说的,两者其实可以兼得?

最近美国劳工局所发布的女性工作统计数字,明白地显示出两者兼得还是一个遥不可及的梦想。根据劳工局的统计数字,因照顾幼儿而退出职工市场的母亲人数,在近十年内有急速升高的现象,而这种激增在教育水准最高的女性人口中最为显著。这当然是一个社会才力流失的严重问题。

外出工作或是留在家里,是现今美国中上阶层女性的一个心结(经济能力较差的妇女则根本没有这样的选择),也是划分女性为两个敌对阵营的最大议题。职业妇女认为家庭主妇是女性主义的叛徒,而家庭主妇却认为职业妇女忽视了女性主义所揭示的个人抉择的自由。在这激烈的辩论里,所谓的"妈咪书籍"成为美国出版界最新流行的次类。最近引起轰动的《女性的错误》(*The Feminine Mistake*),以及《展开工作》(*Get to Work: A Manifesto for Women of the World*,by Linda R. Hirshman)就属于这个次类。《女性的错误》在书名上仿效贝蒂·弗莱顿(Betty Friedan)所写的经典之作《女性之谜》(*The Feminine Mystique*)。作者贝内滋(Leslie Bennetts)认为女性因为育儿而放弃自己的事业,是非常严重的错误。她所遵循的仍是女性开山始祖的言论,认为作为一个家庭主妇,女性不但不可能得到自我的满足,并且失去了经济上的独立。她的书激起了不少家庭主妇的愤怒,《纽约时报》对这本书的书评,引进了大量读者投诉,几乎占了四分之一的版面。更还有一群家庭主妇热切组织着杯葛(抵制)这本书的行动。这些被激怒的家庭主妇,多数是为育儿而辞去高薪工作的妇女,她们都受过极高的教育,所以在智性上完全能与贝内滋平起平坐。她们对于贝内滋否定家庭主妇价值的看法很不以为然,并且认为女性能不能在育儿中找到自我完成,取决于个人,贝内滋没有资格为所有女性论断。当然最重要的是,她们认为贝内滋违反了女性主义的第一原则,那就是女性的自主权,不管选择外出工作，或是选择待在家中，都应被尊重。

其实家庭主妇与职业妇女之间会有如此深切的敌意，也正是因为她们不管选择了哪一条路，都只是一个不尽完美的、在"有或无"之间徘徊的抉择。这不完美的决定引发了她们彼此间的相互猜忌与嫉妒，也使她们有以攻击对方来说服自己的冲动。不管如何假做快乐，家庭主妇终有未能发展自己才能学识的遗憾，而职业妇女，不管如何相信事业与儿女可以兼顾，永远有着亏欠母亲角色的罪恶感。这是女性情感上的负担，男人不会有这样的矛盾。

根据美国最近薪资的问卷调查，大学毕业女性的起薪只有同样资历男性的百分之八十，而这差距继续增大，毕业十年后，女性薪水只有男性的百分之六十九。美国税法并不给予结婚的夫妻任何优惠，女子较低的薪资在支付所得税与育儿费用后，所剩无几，这也是许多女性决定辞去工作的原因之一。所以，除非整个社会有解决男女平权的政治决心，在薪资结构、税法、育儿资源、女性弹性工作时间等议题上，做出实质的改革，否则不管女权多么高涨，女性的成就如何优异，所有女性永远要在个人的层面上挣扎，而命定有那"有或无"的选择所遗下的失落感。

《海蒂年谱》所记录的是女性挣扎的前一章，有关婚姻。当阻碍自我实现的是自己的爱人时，勇敢的海蒂做下了忠于自我的决定。那取舍虽难，还有可能，但当选择是在自我实现与子女之间时，那抉择就不再是那么单纯与容易了。这是女性主义所正面对的一个章节，是《海蒂年谱》的续集。

同 时
——桑塔格的迟暮之歌

2004年因癌症去世后，苏珊·桑塔格（Susan Sontag）在美国社会所得到的注意力不但丝毫未减，可能还与日俱增。除了几部相关的传记及评论将于近年内纷纷出笼外，她的成名作《反诠释》（*Against Interpretation*）亦于2005年第八次再版。而她第一部"真正的遗作"《同时》（*At the Same Time*），亦于今年（2007）与读者见面。其余私人性的书写，如日记及信件等，亦都已在出版的作业中。

《同时》之所以算是桑塔格"真正的遗作"，是因她在生前就已开始筹划此书的出版，如瑞福特（David Rieft）——即桑塔格的独子——在序中所言，桑塔格对这本书的形态与范畴，早有了十分清晰的构想，所以此书不但展现了桑塔格明确的编辑意图，亦在本质上与2001年出版的《压力坠落之处》（*Where the Stress Falls*），有着极强的类同。《同时》一书收集了桑塔格在不同杂志出版的散文以及在不同场合发表的演讲讲辞，性质甚广，包括书评、作者专论、政治及文化论述，有着桑塔格散文集一贯的关切与风格。

本书最出名也最引起争议的，当然是有关"9·11事件"的三篇短文：《9. 11. 01》，《几个星期之后》，《一年之后》，为此事件在发生的几天、几星期以及一年后，做时序里的定格。在得以回首历史的奢侈中重读这几篇文章，我们不得不折服于桑塔格的先见与勇气。在现今美国反伊拉克战的氛围里，她的论点变得如此理所当然，但是当这些文章——尤其是第一篇——初次发表时，桑塔格还曾被指控为是人民的公敌，在当时沸腾与非理性的同仇敌忾中，桑塔格甚至被谩骂成是卖国贼。然而，本着知识分子的良知与勇气，桑塔格却拒绝给予受害者任何道德的豁免权，并胆敢在美国被攻击时，指出美国罔顾自身责任、而一意将伊斯兰教邪恶化的懦弱本质。

虽然这些政论文章的写作，是对文学创作的分心与干扰，桑塔格却一再坚持知识分子必须涉入公共事务。瑞福特描述母亲曾时时悲叹，这种不得已的"分心"使她没有写出更多一心想写的小说。但是，桑塔格对"责任感"的执著，亦不仅表现在对公共事务的关心里，在本书所收的诸篇文学论述中，我们亦读到了她对文学"载道的责任"与"道德的职责"的呼吁。这与写《反诠释》时提倡"情色美学"（erotics of art）的桑塔格，似乎有着日与夜的区别。

这种由纯粹美学到道德意义的转向，也一直是桑塔格最引人争议的所在。批评者用以抨击她的利器，就是此种在"内容／形式"、"意义／风格"两极间的摇摆不定。《反诠释》所揭示的，是对文学内容的大反动，在该文中，桑塔格大肆鼓吹文学与艺术不需以意义界定愉悦，她反对撷取意义的文学诠释，而提倡与文学直接亲炙的"情色美学",以有性隐意的辞藻来昭示此种文学观中肌肤相亲的快感。从《反诠释》以风格形式为上的唯美文学论,到《同时》中以责任道德为重的关切,我们的确看到了桑塔格在文学理论上的大转弯。

与书同名的《同时》一文,就是一个以道德责任为文学诉求的例证。本文原是纳丁·戈迪默讲座(The Nadine Gordimer Lecture)的一篇讲稿。文章的副题"小说家与道德推理"(The Novelist and Moral Reasoning)点出了演说的主题。文中所举的一切有关文学(小说)的概论,几乎全是《反诠释》一文所立意要推翻的。桑塔格在盛赞戈迪默时,特别强调戈迪默"坚守作家对文学与社会的责任"。她又说小说家与剧作家是"道德的代理人"。文末,她更戏剧性地高声疾呼:"小说家的职责万岁!"而所谓的"小说家的职责",也就是"必要的伦理责任"。

在此,我们所谈论的是桑塔格年轻及晚年的两部著作,其间的对比自然十分强烈。如果细心检视桑塔格其他的著作,这种转变就不再显得那样激烈,而实是渐进的演化。在1995年再版的《反诠释》的后记中,桑塔格已企图冲淡自己年轻时叛逆的反文化姿态,而对那追逐快感的美学立场有着某种程度的修正。她说:"消费资本主义的胜利,提倡着——其实是强加着——一种文化上的混乱及懒惰,而它所护卫的也就正是我曾鼓吹过的快感。"与其说桑塔格晚年的这些"道德责任"讲话,是逆向的大转弯,不如说她穷尽一生的思辨,而终在两极间,找到了一种可能的融合。美与真理不再是两种互相不容的存在，而是相互照映的共存体，美是真理的映证，而最有意义的真理，也只有透过美才能被认知。

这美学的演进，更可在《桑塔格访谈录》(*Conversations with Susan Sontag*, University Press of Mississippi, 1995) 中寻得痕迹。此书收集了桑塔格从1969年到1993被人采访的记录，由于横跨近四分之一个世纪，随意地抽取其中各篇，我们就可清楚地看出桑塔格在美感与道德议题上随着时间推进的逐渐演变。1972年的访问中，她说："我相信美感经验其实就是智性活动，而许多人所谓的智性活动，实是美感经验。"1975年的访问中，她说："我多年倾注于道德与美感关系的思索，年事渐长后，这些问题变得越来越复杂。"1978年，她说："虽然我仍是一位醉心于美学的学者，并是一位执著的道德哲学家，但我开始了解，如果只有通论而没有历史的架构，美学与道德论两者都有它们的局限与逾越。"在1989年出版的《艾滋病及其隐喻》(*AIDS and its Metaphor*) 一书中，我们读到了更明显的转变，桑塔格驳斥她自己年轻时代提出的"情色美学"中的游戏成分，而严肃地指出："游戏而不考虑后果的情欲，是对资本主义必然的重造。"

到《同时》这最后一本书中，桑塔格为美的追求与道德的呼唤，找到了更动人的融合，在《美的论证》一文中，她说："美是将世界理想化的记录，而企图将世界理想化的记录，则属于人类找寻慰藉的历史。"同文中，她更进一步地将二者合而为一："一生一世对美深思所得的智能，不可能用任何其他的方法求得。"在此，美不再只是那自外于道德、且可比拟于性快感的愉悦，美成为一种精神的慰藉，并是取得智能的最佳认知途径。一反年轻时二分与对立的思辨方式，桑塔格不再认为对意义的追求，是对美的弃绝，相反的，正因为对意义最极致的追求，乃通过美感经验，她因此而赋予美感以更高的地位。在这样的语境里，这本书的书名——"同时"——就有了更贴切的意义，虽然"同时"只是桑塔格用以阐述小说时序与空间感的用语，但它亦暗示着对"非此即彼"的否定，而彰显着"两者俱得"的包容。

其实桑塔格对道德的最终回归，应是意料中的事。她对欧陆知识分子涉入公共事务与坚持道德的传统，一向有着极深的孺慕之情，所以无论她曾经如何游戏地想摆脱对意义的追索，但在精神的层面上，她永远不可能挣脱那些一直环绕欧陆传统的、如邪恶的存在与本质等最基本的哲学问题。

桑塔格对汉娜·阿伦特（Hannah Arendt）就有着极深的崇拜。在一封写给阿伦特的信中（1967年12月），玛莉·马凯希（Mary McCarthy）曾提及桑塔格，写到她在反越战的示威游行中被捕，马凯希问阿伦特："你觉得她怎么样？上次在罗威尔家（诗人Robert Lowell）中，我观察到她在你面前的样子，很明显地，她想征服你。或说她爱上了你——总之，她爱上你了吗？"阿伦特的回信已失传，所以我们无法得知她对桑塔格的观感。但桑塔格深受阿伦特影响，却是不争的事实。《9.11.01》与阿伦特同样引起争议的《艾赫曼在耶路撒冷》（*Eichmann in Jerusalem*）之间有着太多的平行。两者都在探讨邪恶的问题，两者都拒绝给予受害者某种道德上的高地，两者都不畏惧地指出受害者本人对苦难所不能推诿的责任：阿伦特指出犹太人对大屠杀不自觉的参与及同谋，桑塔格则指出"9.11事件"是美国自食霸权主义的恶果。

不仅只是因为迫近暮年，"9.11"及新世纪的混乱更加重了桑塔格哲学内省的倾向，她最终仍在阿伦特这些身经世界大战的欧陆知识分子身上，找到了思想上的典范。在充满绝望与丧失的年代里，桑塔格找回了她良知的声音，促使她在最后的迟暮之歌里，提出了有关邪恶及文学责任这样的大哉问。

花岗岩的年轮

建筑与雕塑属于"空间"艺术,是艺术家在空间的三个向度里所做的探索,经堆砌、筛选、删除等过程以营造出最终的艺术视景,作品被定格于空间的那一刻,艺术家的视景就被封冻在静止的时间之内,美亦完成于时间之外。因为筛除了时间的元素,视景因能恒在,不老不死,正是济慈在《希腊古瓮颂》(Ode on a Grecian Urn)中所歌颂的。古瓮上的少女永远青春,古瓮上的爱情永远炙烈,因为情人被定格在欲望的尖峰、两唇"即将"碰触的刹那。西斯汀教堂天花壁画中人与神的手指将触未触,封冻在时间里,亦永远预示着人神可能合一的救赎。以此,艺术战胜了时间。

建筑与雕塑家林樱(Maya Lin, 1959—),却刻意地摒弃着这停止时间的冲动。她的艺术不但不以超越时间为诉求,且刻意地引入时间。她以此颠覆空间艺术在时间真空里经营建构的取向,并在她对空间的营造中突显对时间的自觉与意识。也就因为引进了"时间"这第四个向度,林樱的作品叛逆着传统空间艺术的美学。它们所激发的,不是对静懿造型的纯粹美感，而是流动的、与人生经验交集的情感震撼。而她的艺术所追求的，亦不再是封冻于时间之外的不朽，而是流动于时间之内的有机性的不朽。时间因为恒在且永不停息地运转，本身就是不朽。

对时间向度的强烈悬念，弥漫在林璎所有的作品之中。也是林璎作品感人力量之泉源。时间向度的介入，使原本静止的形体有了生命的流动。而对时间深切的自觉，也使林璎的作品展现着庞大的凝聚力，它们融合空间与时间、固体与液体、静止与流动，使人在空间里感到时间，在固态的岩石里看到液体，在静止的建筑物与雕塑作品里触摸到流动。像伐树人所暴露出的树木年轮，林璎的纪念碑与雕塑作品，展现着花岗岩的年轮，它们在空间里叙述着时间的历史与记忆。

在《边缘》(*Boundaries*, 2000) 这本书的第一页，林璎就讲到了时间："没有时间这个元素，我的作品无法被真正地看见。"在此，她所讲述的虽是雕塑及建筑作品被印刷成影像的缺失，但这句话却意外地成为赏析林璎作品的警句。我们如果不能溶入时间的视角，而只把林璎的作品视为静态的空间造型，就将无法捕捉到她作品的真义。

时间的元素，也不仅仅只出现在她早期以历史及记忆为主题的三座纪念碑（越战纪念碑 [Vietnam Veterans Memorial, 1980—1982]、民权纪念碑 [Civil Rights Memorial, 1988—1989]、耶鲁大学女人桌 [Women's Table, 1992—1993]），时间更是她后来较为抽象的庭园设计及装置艺术的基石。就连她现今正在几个城市巡回展出的"系统景观"（Systemic

Landscape），亦持续着对时间不断的思索。

林樱设计越战纪念碑所引起的争议，已被媒体详尽地报导，其实除了最明显的、因颠覆歌功颂德的传统模式而倍受责难之外，林樱在那场争议中所最费力争取的，却是一个如何溶入时间的基本设计。兴建纪念碑时，多数人为了作业的方便，而建议将阵亡战士的名字依字母顺序排列，林樱却拒绝改动原设计中的时间顺序，而坚持阵亡者的名字必依死亡或失踪的时间排列。这看来像是小节的顺序之争，却牵涉到了基本的设计哲学，对将纪念碑视为"荣誉榜"的人而言，阵亡者的名字只是象征，便于查阅是最重要的考虑，字母顺序因此也成了比较合理的选择。然而林樱所要建造的，却并不是一个自时间里提炼出来的牌坊，她所要的，乃是一包含了时间与记忆的"经验"。她在《边缘》中写道："在纪念碑完成之前，我想他们并不能了解我的设计是以经验与疗伤为基础的。更重要的是，这纪念碑不是为我自己设计，而是为了越战的退役军人所设计。名字依时序排列，一位退役军人在墙上找到的，就不仅只是一位亡友的名字，而更是一个属于他自己的时段，以此，他才能在这实体的空间里重造出一个以经验及情感为内涵的心理空间。"一个名字，是一个时段，是一个小型的历史，也是一段失去的岁月。而亡者的家属在抚触光滑石面上深陷的那个名字时，亦与死者有了时空两项坐标的交流，悼亡者在亲密的空间里，看得见自己反照在岩壁上的容颜，正好与死者的名字重叠，时间以记忆为化身，就在这空间的对映中流动起来。

以六十年代民权运动为主题的民权纪念碑，采用了类似于越战纪念碑的基本设计，而在磨光的花岗岩上刻记民权运动的重要历史事件（从1954年高等法院对公立学校种族分离政策的判决，到1968年马丁·路德·金博士被刺）。但在形状上，民权运动纪念碑却选择了圆形，并且加上了水的元素。像瀑布一样的水流，由上而下在纪念碑的表面形成一层薄薄的水膜。流水的灵感来自金博士的话语："直到公理如流水奔驰而下，正义如伟大之泉源，急涌而出。"编年大事，叠列于花岗岩的圆形边缘，但在首尾的1954及1968之间，却留下极大的缝隙，以示运动未完，因为平权的挣扎仍是少数族裔日日要面对的问题，而对不同族裔的偏见亦仍是人类意识中根深蒂固的一个裂痕。圆形象征人类为公理正义所做的争战，周而复始，无始无终，是对线形时间观与历史观一个异议的沉思。然而在这个以公共事务为重心的纪念碑里，林璎仍赋予了观者以私人参与的空间，当参观者指向碑上任何一个事件时，他的手指立即在光滑的水面上制造出皱折，像人类在漠然的历史中所做出的小小手势，虽然即刻了无痕迹，但接触时所碰撞出的水纹，虽然微小，却清楚可见。在流水（时间）与岩石（空间）所建造出的四度空间里，个人与历史、过去与现在、此刻与未来，凝聚在手指与水流相交的那一刻那一点。

耶鲁大学女人桌延续民权纪念碑的圆形设计与开敞的历史观，在磨光的花岗岩面上，林璎将耶鲁大学历年的女生人数做螺旋形的排列，由中心的0出发，直至4823，层层蜿蜒，像一条由细而粗并继续成长的大蛇，在花岗岩上蠕动出女性社会地位的历史年轮。

时间在这三座纪念碑设计中的重要性,也非只是来自它们相关历史与记忆的主题。时间其实是林樱美学的基石。三座纪念碑之后的几件大型景观装置艺术(如"和平教堂"[Open-Air Peace Chapel,1988—1989],"浪田"[Wave Field,1993—1995]及"地井"[Groundswell,1992—1993]等)亦都以形状(波浪)、材料(碎玻璃及泥土)以及空间的区划(私有与公有的并列)继续着对时间的沉思。更不用说纽约宾夕法尼亚车站的"时间之蚀"(Eclipsed Time,1989—1995)那件直接玩味着时间概念的作品了。连林樱不常设计的住宅建筑,亦都表现出了这份对时间的悬念。她所设计的"韦伯之家"(Weber House,1992—1994)亦有着抗拒被封冻与固定的设计倾向,整座房屋不但没有永久的隔间,而且所有的内壁都可被移动,加上可自由摆放的木制窗板,连房屋的方向与坐标都有了游移性。房屋可随季节转向,春季面西,冬季面南,引入自然与时序的变化,并浸淫在时间的流动里。

正在我住的圣路易市展出的"系统景观",是林樱的新作,也是她对地形景观所做的更深沉的思索。最主要的三件大型作品"2x4景观"(2x4 Landscape),"蓝湖信道"(Blue Lake Pass),"水线"(Water Line)都是根据实际地形勘测的资料,而重造的装置艺术作品。"水线"是以铁丝缠结起的雕塑,依循的却是一座真实小岛在海面以下的巨大岩石结构。"蓝湖信道"亦真实地依循一座山脉的地形而重造出模型,完成的模型被切割成块,在间隔处设置容人行走的信道。

这是一位二十一世纪的艺术家依据科技而得的新知,对地球及景观生出的玄想。大地像一枚洞石，我们看到的只是光滑的表面，而不断思索着时间的林樱却决定将那洞石切开，根据卫星图像及地质勘测提供的信息，重制那面表之下的巨大结构。层层叠叠的地质，是世纪的沉积，也是整个人种的历史与记忆，在私人的领域里，那更象征着我们心理下层的暗流。然而这"切割"大地的冲动，却又返回到了林樱的第一件作品。第一次造访越战纪念碑预建地时，林樱就有着切开大地的冲动，她在《边缘》中动人地写道："我想切开大地，在初时的暴力与激烈后，让青草重生，伤口愈合。""系统景观"是另一桩切开大地的执行，行过被切开的山脉，抚触纠结在海底的岩石，我们经历着大地在世纪里受伤再愈合、愈合又受伤的痕迹，那正是时间在空间里彰显的面容。

今年是越南纪念碑完成的二十五周年，每年十万访客的数字丝毫未减。越战荣民虽已逐渐凋零，但年幼的儿孙辈，却继续在这两扇巨大的花岗岩里，做着他们与记忆及历史的对话。当初严厉批评林樱的人士，万万没有想到，他们认为辱蔑烈士的低调设计，却有着这样历久弥新的情感内容。而这座纪念碑所印刻的，也早就不只是死者的名字，它所印刻的，亦是代代相传的情感记忆。位于生死两边的容颜相互照映在光滑的花岗岩面上，层层累积，如地球层次分明的岩石沉积，圈画出属于我们的年轮。

辑三

议论

意识形态与艺术之间

2006年奥斯卡的季节里，华人世界吹起了"断背山"之风。李安成为第一位来自亚洲的奥斯卡最佳导演奖得奖人，这样的成就，自然在两岸三地激起了一股昂扬的自信与自傲，好似手握金色奖座的李安，继高行健之后又再为华文作者多年未得诺贝尔文学奖的不公义，做了某种程度的平反与伸张。但追根究底，这种渴切被西方评奖系统认可的情结与悬念，当然也只反讽地点出了这昂扬与自信的薄弱。

然而在这一片欢庆声中，亦有难堪的美中不足之处。为什么这好不容易使华人扬眉吐气的影片，却偏偏有着引人争议的同性恋故事呢？不少"卫道之士"公开对李安进行抨击，认为《断背山》是在鼓吹同性恋，李安与此挂钩，简直是中国人的耻辱。有人以此而立意要杯葛这部电影。这些人士不少是属于基督教的原始教义派，他们非常有自信地认为自己确知神的意旨，因此可以毫无疑虑地以神之名对同性恋予以十分欠缺基督爱心的挞伐，虽然以教导人要谦卑的基督教，在经文里一再地提醒人们神道的不可知，以人道度神道乃是最大的不虔敬。但他们却仍然非常有自信地知道神在同性恋议题上的立场，所以在神还没有机会审判同性恋者之前，他们就急着要赶在神的前面去审判这些犯罪之人。就像《约伯记》的三位朋友一样，他们苦口婆心地要约伯忏悔，并且一口咬定约伯的苦难必是因罪而遭神谴，他们对神道如何运作有着无比的自信。最终神却对其中之一的以利法说："我的怒气向你和你的两个朋友发作。因为你们议论我，不如我的仆人约伯所说的是。"谦卑的约伯在极端苦难中，亦从未僭越地自以为知道神的意旨。

以"道德"基底批评这部电影的人，也不仅限于基督徒。有人甚至把道德与不道德在政治上做了左右的两极化，而认为这部不道德的影片之所以走红，乃李安对左派政治投怀送抱的结果。香港出版的《开放》杂志上就曾刊登了一篇《李安颠覆传统道德观》的文章，以政治的左右意识形态痛批李安。该文的作者曹长青先生一向以揭发黑暗面并仗义执言著称，却在这幼稚的两极化思维模式中，提出了许多情绪化的论点，在论理上不堪一击。从我对曹先生文章多年的阅读中了解，他在反对共产党心切下，投入右派政治。但是政治当然不是单纯地可以做这样的二分，蛮横地以左右两极的意识形态论事，就像在宗教上将道德与邪恶做简单的划分一样，都只是思考上的懒惰。而将意识形态用到艺术的品鉴上，就更显出了它的粗鄙与神离。

这些"卫道"之士所卫的"道德"又是什么呢？它们是否有着放诸四海皆准的绝对性与宇宙性？从字源上来讲，道德（moral）一词源自拉丁文的 mores，是习俗之意。用最犬儒的眼光来看这字源上的演递，我们可以说世间所谓的道德，也只不过是习俗的累积。用比较理性的方式来解析这字源里的暗示，我们则可意识到，道德与习俗之间是有分野的。习俗是在某一时空下，众人约定俗成的规范，它们并没有宇宙性，也没有永恒性，只在一时一地基于社会的需要与权力的结构而形成。古时中国男人可以三妻四妾，从前女人结婚要在婚礼上发誓服从先生，而美国直到六十年代以前，不同种族的人还不准通婚，这些习俗都因时过境迁或政治权力重组后而有所改变，并终被更合时宜的新习俗所取代。制约婚姻的规则尤然，因为它们乃与社会的变迁紧紧连接。我们可以在过去数十年间女性主义发迹后，婚姻与家庭的面貌如何激烈地转换的现象中看出。所以一个社会所能容许或所不能容许的婚姻关系，到最后，也只是权力阶级愿不愿给予的商榷，以及舆论能不能接受的容拒，而并不是如"十诫"中所诏示的"不可杀人"、"不可做假见证害人"等这些有永恒性与宇宙性的道德。历史告诉我们，社会规范并不是好的道德指针，被社会所容许的不见得就是道德的，不被社会容许的也不见得就是不道德的，美国的奴隶制度以及中国长达数千年的缠足就是最明显的例子。这对习俗与道德的澄清，无关一个人对同性恋的立场，而只是最基本的范畴界定的问题。如果要用道德这根大棒子来打击同性恋，对什么是道德，总应有最基本的厘清吧？！

　　唯一可以厘清道德与习俗之间界限的，只有对行为结果与影响的衡量，"不可杀人"与"不可做假见证害人"之所以有恒久与放诸四海皆准的绝对性，因为它们是以一个人的行为是否对他人造成伤害作为标准的。不同文化与不同时代的人都能接受伤害他人是一件不道德的事,所以衡量道德也就应以一种行为对他人与社会所可能造成的伤害为根据。本着这样的原则,我们可能要质问,以下这两种行为哪一种对他人的伤害力更大,是同性恋者在不波及他人的私己领域中的所作所为,还是那些狂热的"卫道"人士急切地对同性恋者所做的毫不容让的围剿?

这些来自政治、宗教、社会与道德层面上的强烈反响,加诸"只"是一部电影的《断背山》身上,使这部电影真有不堪负荷而终至断背的危险。但叫人惊讶的是,类似的情形竟还发生在另一部也是"华人之光"的好莱坞电影身上。《艺伎回忆录》网罗了三位当今最红的中国女演员,卖座极佳,原应是中国人可恃以为傲的成就,没想到这部电影却在中国社会引起了几近暴力的批判与杯葛,原因无他,只因为这三位"国宝"级的女星,居然自甘堕落,"出卖灵魂"去演日本鬼子!有趣的是,拍片期间,也有美国的日裔人士抗议,为何放着日籍女星不用,却用中国人去演日本人,并搬出了美国人中日不分的无知等等种族上的怨懑。然而,在欧美这种越过国籍的扮演,司空见惯,法国人演瑞士人,意大利人演西班牙人,日日发生,好像也从未引起过这样的争论。

反对《断背山》与《艺伎回忆录》这两部电影的理由虽然不同,但这两件事所反映出的心态却是一致的。这些批评中,几乎没有一样是基于艺术的尺度,却完全是本着意识形态论事,所以在这杯葛这两部电影的事件中,我们所看到的,是以意识形态肢解艺术的野蛮，对艺术创作过程的无知，以及拒将艺术还诸想象与视景的非人文取向。

其实，把这两部在艺术的成就上相差千里的影片放在一处讨论，就已彰显了意识形态论艺术作品的荒谬。以意识形态而笼统地批评或赞扬一部艺术作品，最多也只表现了评者自身的理念或没有理念，与艺术作品的精神毫不相干。那些以仇日或反同性恋为理由的批评者，根本可以不必去看这两部电影，因为看不看这些电影，他们出自意识形态的讲话，都不会有太大的不同。

艺术，尤其是戏剧，有它先天的特质与独特的创作过程，以先入为主的意识形态来解析艺术的人，通常无视（也可能是无知）于这些独特的过程，而只一味地"使用"艺术品来宣泄自身不能或移的偏执。

戏剧（电影）的基本特质是想象，而演员工作的第一要求就是作假（make believe），他们的挑战是把自己变成一个不是自己的人。除了越过社会阶层或国籍，他们有时甚至要跨越性别的藩篱，梅兰芳将旦角演得惟妙惟肖，莎士比亚时期的女性角色亦全由男子演出。而对《断背山》以及《艺伎回忆录》激烈批评的人，却完全无视这些戏剧的基本特质。他们将三位女演员演日本角色，当成是一个现实生活中具有道德性的选择，而李安根据他人所写的剧本导戏，也成了提倡同性恋的抉择。这就等于说，演一位杀人者的演员是自甘堕落想成为一位杀人者，而导一部以谋杀案为主题的导演，犯了"宣扬"谋杀的罪状。如此，现实与艺术失去了基本的分界。一位中国女演员演一位日本女人，和一位出身优裕环境的演员去演一个下层社会的角色又有什么不同？所要求的同样是揣摩与如何进入他者的演技。而导演的职责则是如何把原剧的精神，用电影的语言做最真诚的呈现。剧本中的情绪立场，也并不必然就是一位导演在现实中的情绪与立场。

其次是形容性（descriptive）与规范性（prescriptive）之间的分野。好的艺术作品永远是前者，致力于后者的不是艺术作品而只是文宣材料。《断背山》刻画一对同性恋者在不为社会所容的情况下，所发生的悲剧。它对这种"人类境况"做了情感性的描述，诉诸人类情感中共通的情愫，以情动之，以艺术性烘托之。但其用心是在形容与刻画，而不是提倡或宣扬。只根据电影的主题，就将"宣扬同性恋"的大帽子戴在李安头上的人，只有能力阅读政治宣传，却没有能力赏析艺术。托尔斯泰的《安娜·卡列尼娜》以及福楼拜的《包法利夫人》写的都是婚外情，我们是不是也要说他们在提倡婚外情，有伤风化，而将那些作品列为禁书？

第三是电影的制作程序与导演的角色。把电影的剧情及对话全算在李安头上的人，不能区分导演与剧作家之间的分别。李安愿意接掌这部电影，当然表示了他对同性恋有某种程度的同情，但作为导演，李安所能决定的，也仅有诸如对话的表情与语调、镜头呈展的视角等一切有关"如何"（how）的议题，至于影片的"内容"（what）却早在他接掌导演一职时，就已决定。曹长青先生在他的文章中，虽然认可这一部改编自短篇小说的电影，却仍把有关同性恋的剧情算到李安头上，同时他又以一篇短篇小说不可能有甚情节为论点,而决定这部电影必然是没有戏剧性的,这种以数量来衡量质量的标准也很令人啼笑皆非。

这就引入了我想讨论的第四个题旨。那就是艺术文类的问题。碰巧《断背山》与《艺伎回忆录》又都是改编自小说的电影。《艺伎回忆录》由一部尚可阅读的小说,蜕变成为一部充满陈腔滥调且毫无新意的电影,而《断背山》则将一篇以粗犷笔触写成的故事,拍成有迤逦长景却澎湃着情感暗流的电影。虽然讲的是同样的故事,小说及电影作为不同的文类,也有着各自不同的触感与质地,不可笼统论之,或混乱地用原著小说来品评改编成的电影。不分文类而只以小说原著来判断一部电影的好坏,就好像在政治斗争中,罔顾一个人的特质,而只计较他的出身成分一样,都是对人文精神最巨大的斫伤,与对艺术用心最粗糙的漠视。

普尔斯(Ann Proulx)以《断背山》为名的短篇小说,虽然只有三十多页,但在时空上却跨越了数十年与数大州,当剧作家奥萨娜(Diana Ossana)初读这篇小说而将之改写成电影剧本时,她发现短篇小说反而给了剧作家发挥的空间。因为与改编长篇小说相比,改写短篇小说的过程是填空而非删减。普尔斯以她著名的白描文风与原始用句,的确给了剧作家填入对白与情绪的空间。所以这部电影的情感强度,可能正是来自原著在情节上的简略。奥萨娜与她的合作人麦莫迪(Larry McMurty)写成剧本后有多年无人问津,当奥萨娜听说李安对这剧本有兴趣时,她有着保留,因为她不太相信一个在台湾都市里成长的人,能够了解属于美国西部的空旷与寂寥。后来在他们第一次会面时,李安提到了父亲刚过世的事,奥萨娜说,当她看到李安眼神里的哀伤,那一刻,她就知道他是能导这部戏的。因为决定能否掌握这部电影的灵魂的,不是对同性恋的立场,或是文化与地域的分际,而是人类情感中所共有的那份对丧失的深沉哀伤[1]。

据说这部电影成功之后,有不少的旅客前往怀俄明州,找寻断背山,当然现实里根本没有这座山,连电影拍摄的场景也不在这里(而在加拿大)。以意识形态框架艺术的批评者,和这些在现实中找寻断背山的旅客是相差不远的。他们同样地都拒绝在艺术的架构中,了解艺术,他们硬要把艺术肢解打碎,捡拾适合自己的碎片,好将属于他们自己的真实加诸艺术之上,不论他们视那碎片如珍宝,或是对那碎片攻之伐之,他们所自以为拥有的,都与艺术无关。艺术也不能为他们做什么,因为他们从未真正给艺术任何一个机会。

---

[1] 出自 Diana Ossana,*"Climbing Brokeback Mountain"*,*Brokeback Mountain: Story to Screenplay*,(New York,Scribner,2005)。

阿伦特的《心智生命》
及中译的可能问题

阿伦特（Hannah Arendt）的《心智生命》（*The Life of the Mind*）是一部没有写完的书。

如本书编者玛丽·麦肯锡（Mary McCarthy）在《编者后记》中所详细记载的，1975年12月4日阿伦特突然去世的前几天，刚写完本书的第二卷"意志"部分，而那待写的第三卷"判断"，却只有一张写着标题及两句题词的稿纸，静静地留在打字机的卷筒里。阿伦特的英年早逝，使得本书思考、意志、判断三足鼎立的完美建构，徒留缺憾。阿伦特认为思考、意志与判断是人类心智生活中三项最基本的活动。这与她早先另一探讨行动生活的巨作《人类境况》（*The Human Condition*），将人类活动化分为劳力、工作与行动（labor, work, action）的设计互相对应。

阿伦特学者玛格丽特·卡诺万（Margaret Canovan）认为这偏爱三分法的倾向，示范了阿伦特惯有的、以新分类法发掘疏漏角落的思维方式，而这三分法亦显现出阿伦特在思考上的自由无羁，对她而言，传统的二分法过于简化，又过于局限。

当然，本书对心智活动的三分，也隐约地对应着康德的三个批判。"思考"对应着《纯粹理性批判》，尤其是康德对理性与知性的区分，以及理性超越求取知识、以追索意义为目的的概念，都在阿伦特对思考的论述中占着极为重要的地位。"意志"虽未曾出现在康德的理论系统中，但如阿伦特在第二卷所明言的，意志就是康德的实践理性，《实践理性批判》对应着亚里士多德的"nous prakikos"，关于如何选取达到目标的手段。未写的"判断"部分则又大量取材自康德的《判断力批判》，因为康德是唯一将判断视为一心智机能而为之著书立说的哲学家。在本书所附康德政治理论的讲稿中，阿伦特所演绎的，就是将康德《判断力批判》中的审美判断，应用到政治判断之上。这已然透露了本书未写的第三章节的可能面貌。

但如卡诺万所指出的，以分类及范畴来彰显特性，确实是阿伦特思考与著作的重要模式。比如在《人类境况》一书中，阿伦特用以攻击马克思思想的主要论点，就是建立在分类的错乱上。她认为马克思将属于"行动"的政治活动，错置于"工作"的范畴内，因而产生了对两种活动对象的错误处理，将复数且有不同个别意志的人类，当成制造工作中那全无本性的材料来处理。而阿伦特以分类及范畴从事描述定义的方法，也一再地出现在《心智生命》这本书中。比如她使用了时间（思考的现在向度与意志的未来向度，思考的周期时间观与意志的线性时间观）、领域（思考与意志的私有性与判断的公开性）、动态（思考在平静中发生，意志在平静时停止）、数量（思考与意志的单数与判断的复数）以及范围（思考对象的普遍性与判断对象的个别性）等不同的范畴，来区化每一个别心智活动的特性。未写的"判断"一卷，如今仅以附录中的康德讲稿聊以提供一些线索。但即使在这笔记式的勾勒中，我们仍然找寻得到与其他两卷十分一致的平行脉络，比如对判断的公开性与可沟通性的陈述，就直接对应着思考的私有与隐秘。对进步及尊严在判断心能中的对立，也呼应着其他两种心智机能在时间中的定位：意志的未来向度，以及思考的跻身于过去与未来之间、那颤颤且稍纵即逝的现在。

《心智生命》这本书除了是阿伦特思想臻于成熟的最后作品之外，它在阿伦特一生以政治理论为研究重心的生涯中，也别具一格，其注意力由外转内，从政治的众人事务移向个人私密的内在活动，故也是阿伦特所有著作中哲学性最强的一部。但阿伦特到底仍是一位以"众人事务"为悬念的思考者，所以如她在序言中所述，引发她对心智活动之兴趣者，其实是来自对邪恶的本质与邪恶的根源的反省，以及她所怀疑的、邪恶与思考泛乏之间的可能联系。

这基本的议题，早就被她潜心思考（甚至早于出席艾赫曼的审判）。在1954年与本书编者玛丽·麦肯锡的通信中，她就已讨论到思考在规避恶行上所可能扮演的角色。

面对麦肯锡"为什么我不应该谋杀我的祖父"的问题时，阿伦特在信中回答道："这可从两个不同的观点回答，一是宗教，一是常理。宗教告诉你，你会下地狱，常理则告诉你，因为你自己不想被杀。但是如果你不相信地狱，也不在乎被杀，那这两个答案就都行不通。哲学对此的答案来自苏格拉底：因为我必须与己相处，且一生不能与自己或离，所以我不愿杀人，因为我不愿意和一个谋杀者共度一生。但这个答案也已不再有效，因为人已少与自己相处了，若无自己为伴，他独处时，就只能是孑然一身地寂寞着。"

在本书讨论思考的部分，阿伦特对"孤独"与"寂寞"做下了最清楚的分野，前者是人从事思考的状况（在苏格拉底的"二合一"中，一个人虽独处却有自己为伴），而后者则是没有思考活动存在的孑然寂寞。在这封给麦肯锡的信中，她已暗示着思考与选择避开恶行之间的可能关联。而在她最有争议性的著作《艾赫曼在耶路撒冷》（*Eichmann in Jerusalem*）中，这关系更被强化；她拒绝将邪恶浪漫化，而创造了至今在谈邪恶时不可能不被引用的词句，也就是"邪恶的凡常"（banality of evil）。将邪恶由惊天动地的庞然降低至庸碌的无奇，阿伦特旨在点化出邪恶的后面并没有任何强大神秘的力量，而只是出于人不愿与真实照面的懒惰，所谓与真实照面，也就是思考这心智活动。阿伦特将纳粹的刽子手艾赫曼描写成一个平庸且唯命是从的小官僚，而非一摧枯拉朽的撒旦，这样的态度，直至今日还被许多人、尤其是犹太人激烈地抨击着，他们认为阿伦特将邪恶琐碎化了。其实，她的立论不但未将邪恶琐碎化，反而为邪恶提出了一个真正令人戒慎恐惧的定义，就因为邪恶是如此的凡常，所以它可能存在于每一个人的内里：邪恶是凡人不经思考与判断的行为结果，而不是被魔鬼附身或是鬼使神差的造化。所以在她笔下，艾赫曼毫无异人之处，他出奇得平凡，只是一个很负责任执行纳粹命令的喽啰，然而使他能一意执行屠杀的命令而面不改色的原因,就在于反省与思考的匮乏,也就是说他完全没有判断现实的意愿与能力。

思想的匮乏(thoughtlessness),指的是盲目的依从传统,使用陈腔滥调,死守宗教或是政治上独断的意见。这虽是一种懒惰的存在方式,但却也是一种极为安全的生活方式,因为它回避了思考所可能带来的颠覆的危险。思考因时时对真实做批判性的评估,所以涵带着巨大的破坏潜力,它随时可以拆解人们安心拥抱了经年的规则、口号、教条、风俗、习惯,以及固持信念所给予人的确定感。

而思想的匮乏亦不仅止于个人(单数)的层面,它亦可在众人(复数)的层面上讨论。在《人类境况》一书的序言中,阿伦特就曾谈到思想与知识的分离,以及普遍的思想匮乏,可能是现代世界诸般病态的根源。

从对思想匮乏的探索切入,阿伦特透彻地从哲学传统中寻找线索,为这三项心智活动写像。从所谓的理念历史中找出这些心智活动的衍绎轨迹,以及每一转折里的缺失及获得。

中译此书是一项艰难无比的工作。困难不仅来自概念与义理的庞杂,更也牵涉到了阿伦特哲学的隐晦,以及她独树一帜的英文文体。麦肯锡在《编者后记》中,对阿伦特的英文写作有着颇为幽默与温馨的描述。阿伦特的母语是德文,直到三十五岁流亡美国后才开始学习以英文写作,所以她的英文基本上是德意志式的:充满了以破折号、冒号及关系代名词接续而成的蜿蜒长句,往往一个句子的主词与动词有半页甚至将近全页的隔离。这对承载复句能力极弱的中文而言,忠于语势的翻译是根本不可能的。所以在中译里，为求义理的清晰及中文的可读，句子必须被拆解成简单句与合句，牺牲了阿伦特急切与广拓的文风。另外的一个难处，则是阿伦特轻易转换于不同语言间的习惯，这是上世纪初欧陆知识分子都有的习性，并不是出于刻意的卖弄与造作，而是因为对不同语言熟稔的程度，使他们对表意中的微妙区别，有着极度的敏感。

阿伦特生前与朋友谈到本书的写作时，总认为"意志"是最难写的一卷。在中译上，"意志"也将是最难译的一卷。它的难处不只来自意志与自由的议题在哲学上的纷繁；比如十分反直觉的 will 与 nill 的持续冲突。nill 并非是对意志力的注销，或是海德格尔所说的不行使意志的意志（will-not-to-will），nill 有着与 will 同等能量的、对"不欲"所行使出的意志力，所以必须重创一个如"逆意"的新词，才能表现 nill 的能量与方向。此外，当然还有意志在中英文语言中表意方式的不同。意志（will）这个字在英文中的繁复用法与意义，在中文里完全没有直接的对应。首先，will 在英文里可以同时是名词或动词，指涉着意志力或行使意志力的动作。另外在作为名词时，亦有大写与小写的分别，大写的意志（Will）是一般及概念上的意志（Will），小写的意志（will）则是指每一个人内在个别的意志。作为名词，will 还有遗嘱的意思——也就是对未来唯一确定的事宜（死亡）所做的指示。而 will 这个字的现在分词 willing，亦已被惯用为形容词（willing，是愿意的意思）。在字根 will 的演变下，所有这些与意志相关的意义，在英文里都有着简洁的视觉与意义上的连接。但转移到中文里，这些方便的符号上的相互指涉,就完全消失了。更重要的是,will 在英文中作为助动词的时候,是一用以表未来时态的助动词,所以意志心能在时间上的未来向度已包含在语言里,不说自明,但在根本没有时态或助动词的中文里,除非另外明言,这个向度并不存在于语言中,所以也可能并不存在于中文的思维里。

本书的书名也有数种可能的译法。中文文献中每有以"心灵的生活"之名提及此书。"心智"可能比"心灵"合题的原因,是由于心灵一词容易引起"灵魂"的联想,而在本书卷一中,阿伦特曾刻意地区化着灵魂(soul)与心智(mind)之间的不同。而将"life"译为"生命",而非"生活",也较能点化出这本书所涉及的宽广领域。是因为"生活"的主词只可能是人,所以心灵或心智生活,只能指涉"人"所从事的内在生活。"生命"的涉意就广阔许多,它不仅可指从事那些心智活动的人的生命,同时亦可以是那些活动本身的生命消长,也就是阿伦特一心要描述的心智活动的现象。

翻译哲学著作本就是非常困难的事,翻译阿伦特的著作更难,原因已在上简述。这翻译的工作,对阿伦特本人都曾是一项挑战。照理说,将她德意志式的英文译成她的母语德文,应是得心应手的事才对。然而在将《人类境况》英文本译成德文本的期间,阿伦特却在一封给麦肯锡的信中描述译书之苦:"我天天诅咒神明(I curse god everyday)。"试图中译阿伦特的人应把这句话放在桌前当座右铭,除了激起"甜蜜的复仇"中所可能有的一点快感之外,作为阿伦特之苦闷的同侪,这句话也是能激发人继续奋斗的一种鼓励吧!

意图的谬误

"意图的谬误"(Intentional Fallacy)在文学批评的领域中,已经不算是一个新的词汇了,它所指控的,是以作者意图为统领的文学阅读与文学评鉴。最先提出此一概念的是韦姆塞特(W.K. Wimsatt)与比尔兹列(Monroe Beardsley)。"意图的谬误"一词,出现于两人发表于1946年的一篇同名文章里。在该文中,韦姆塞特与比尔兹列开宗明义地直陈:"作者的设计与意图,不但不可寻得,在品鉴文学作品的成败上,亦毫不相关。"因此,以作者意图为基础的文学阅读与文学评鉴,是一种谬误。("intentional fallacy"在英文里有模棱的双重意思。作为名词形容词,"intentional"指的是与意图有关者,在这语境里,"intentional fallacy"就是用意图来解释意义的谬误,但是作为纯粹形容词时,"intentional"却是"有目的性或故意"的意思,而"intentional fallacy"在这用法下,就成了"故意犯下的错误"。韦姆塞特与比尔兹列所指的当然是第一种意义。)

将作者的意图自文学阅读中抽离,是承继着刚萌芽于1920年代的"新批评"(New Criticism)的精神。新批评揭示文学作品的独立性，作品一旦完成，就不再"属于"作者，它的意义不但不需要验证于作者，更可以完全"不假外求"地取得于文本。据此，新批评主张文学阅读应摆脱"外缘"因素的干扰，而聚焦于作品的内在。所谓"外缘"因素，即是那些与作品的艺术性并无直接关系的讯息：如作品来源的考据，作品书写的时代历史，或是作者生平事迹等等。"意图的谬误"否决作者意图在作品阅读上的相关性与权威性，亦是摆脱"外缘"因素的一种努力。

在文学史的背景里，我们不难看出新批评这种"反作者"的情绪，实是对浪漫主义的一种反动。而一部文学批评史所记录的，也不外是文学态度在两种艺术生成论间摆荡所遗留的轨迹：在一端，我们有古典主义"模仿"（imitation）的艺术观点，另一端，则有浪漫主义"表现"（expression）的艺术观。前者将艺术创作的源头设定于某种客观的体系之上，后者则将一切归诸创作者。综观文学史上出现的不同理论，每一种新兴的文学理论都必然是对先前盛行文学理论的反弹。在讲求严格规律的古典主义之后，浪漫主义兴起，旨在打破令人窒息的规范与制约，转而强调个人情感的自由表现。当浪漫主义以个人为主导的文学取向发展到了滥情的地步时，另一股像新批评这样的反动力量升起，弃绝作者庞大的人格，并将重心重新拉回作品本身。新批评虽然并不是完全地返回古典主义，但在精神上，它为文学作品画上界限与藩篱的努力，却与古典主义相亲，两者均本着文学乃"模仿"的信念，而执意以客观标准堵绝"表现"为本质的文学所造成的情感泛滥。

"表现"的艺术观视作者为艺术发生的缘起,无异于创造万物的真神,据此,艺术的赏析与文学的阅读,亦必然以创作者为唯一的依归。于是,作者的意图、作者的灵感来源、作者的生平事迹等,就成为赏析文学作品的必要条件。在这无作者即无作品的文化氛围下,要建立文学作品的独立性,新批评必先攻讦作者垄断文学作品的缺失,而韦姆塞特与比尔兹列提出"意图的谬误"的基本立意,也就在矫正浪漫主义给予作者过分崇高的地位以及将作品与作者合而为一的文学赏析态度。在"作者、作品、读者"这鼎立的三环里,他们企图将重心由作者移向作品与读者,他们不但为"作品"提出了自外于作者的独立宣言,亦以强调"读者"有不受制于作者意图的自由,而建立了读者在阅读上的个人特权。而将作品自作者的长影下抢救而出的第一步,就在于证明"作者意图"其实是虚幻与不可恃的,也因其不能被精准地掌握,作者的意图也就无法作为品评文学作品的有效根据。"意图的谬误"所倚恃的两个中心论点,正是作者意图的"不可得"与"不相关"。

韦姆塞特与比尔兹列以歌德(Goethe)的"建构评论"(constructive criticism)为例,示范以作者意图为基石的文学评论所可能产生的困难。歌德的"建构评论"循序浪漫主义以作者为依归的传统,而将艺术作品的成败定位于三个环绕著作者的问题:(1)作者所想表现的是什么?(2)他的设计是否合理可行?(3)他是否成功地执行了他所企图表现的?歌德认为我们可以依据对这三个问题的答案,评断出文学作品的优劣。所以,如果一位诗人想以无韵诗写出一部人类堕落的史诗(作者所想表现的是什么？），这似乎是一个可行的文学计划（他的设计是否合理可行？），而他最终果然写出了一部合于格律的史诗（他是否成功地执行了他所企图表现的？），基于对这三个问题的答案，我们可说这是一部成功的文学作品。

此种取向完全在作者的目标与实践之间做比照与评分，而不参照任何客观的标准，已然显现评估作品优劣的不足。然而更大的问题，却还不在客观标准的欠缺，而是更基本的、如何确立作者意图的难题。因为，除非作者在作品之外，清楚留下旁白，或在日记信件中明白交代，作为读者，我们如何能得知作者的企图？一般所谓的作者意图，多是反向地由作品揣测而出。是读了《失乐园》之后，我们才能反向地说出弥尔顿的意图是在写一部无韵体、讲述人类堕落的史诗。但这逆流而上的过程，因为只是一种揣测与推理，并掺杂了太多文评者自身的主观诠释，所以有着极大的精准度与可信性的问题。歌德以作者意图为基础的文学评论，在第一个问题上，就出现了不可回答的难堪，亦使整个评估系统，因为缺乏评断的基础，而无法稳固地落实。

其次，歌德天真的评鉴公式假设著作者的意图必然是文学性的，所以才能作为文学评鉴的基础。然而在现实中，"作者的意图"却有着太多文学以外的面貌，它早已超越了诸如："我要写一首两百行的抒情诗"、"我要写一个青年成长的小说"、"我要表现人与人之间的疏离"等纯然的文学计划，而有着与文学毫不相关的诉求。有人写作是为了出名，有人为了赚钱，有人为了他人的赞美，也有人只是为了个人的情趣与陶冶。我们如何以这些繁复意图的是否被达成，作为文学作品成败的论断基础？一部以登上畅销榜为创作动机的小说，是否因为最终未能畅销而被断定为失败？反过来说，一位作者以登上畅销榜为初衷，却写出了一部在艺术上极有成就的杰作，那么这部作品的成败，是应该以作品在艺术上的成就定位，还是以作者意图的是否达成来定位？或说文学史上众多情诗的写作初衷也许无关文学，只为抒发己情或是取得美人芳心，如果芳心未获，却成就了不朽的诗作，我们是否要以作者意图唯是的方法，而断定这些不朽诗作的失败？简单的几个例子已然显现出以作者意图为品鉴标准的尴尬：作者的意图既然难以被清楚地界定，怎可能在文学赏析上有任何的用途？

除了作者意图可有的复杂面貌之外，现代心理学更为"作者意图"蒙上了一层难以解析的迷雾。根据这些理论，尤其是弗洛伊德对潜意识的新观，艺术创作的源泉常潜藏于作者清醒意识的下层，不用说文评者，就连作者本人都不见得能清楚地知道自己的意图何在。这为作者意图的飘渺与不可得，又添加了另一视角。据此，我们难以不对那些自以为掌握住作者意图并从作者意图出发的文评者，生出质疑。

作者的意图既然无法被明确地掌握，也就更无法用以作为定夺作品好坏的标准了。一个射击手，如何瞄准一个游移的靶心？但是，韦姆塞特与比尔兹列的第二个论点——作者意图无关文学评论——是否只能在作者意图不可知的假设下才能成立？如果作者曾清清楚楚地言明了他的意图，那么作者的意图是否仍然是不相关的呢？换一句话说，作者如果曾明确地陈述了自己创作的意图,甚至铺陈出自己意欲表现的意义,那么作者的说辞,是否应该是文学作品"最合法"的解读方式,以及批判该作品的"唯一"指针?

韦姆塞特与比尔兹列在作者意图"不相关"的部分所欲争论的,其实正是这极端的、作者意图被言明的状况,也就是说,即使作者本人曾清楚言明意图,以作者所陈述的意图作为品评文学作品的标准,仍然犯了"意图的谬误"。他们的论证可由几个层面来说明。第一,借用现代心理分析的理论,我们可以说作者自己阐明的意图亦不是全然可信的,因为他们不见得对自己的意图有着完整的了解。第二,作者对自己意图的阐明不见得能涵盖作品的全局,否则作者何以需要写那部意义早已言明的文学作品,而不以意图宣言代替作品?第三,读者对文学作品解读,就算与作者所陈述的意图相背驰,仍应有较高的合理性。因为作品一旦完成,就落入了公众的领域,在作品的诠释上,作者并不享有任何优于他人的特权与合法性。

不管我们是否同意韦姆塞特与比尔兹列完全摒弃作者意图的观点,不可置疑的是,这样的文学取向的确扩展了文学阅读的领域,使之不再被作者的人格与意图所垄断,并借此厘清了浪漫主义以作者人格为是所遗留下的许多文学批评上的问题。

比如朗吉弩斯(Longinus)在《论崇高》(*On the Sublimity*)中所说的"崇高是一个伟大灵魂的回响"。这是一个典型的、将作者与作品合一的浪漫主义的概念,在这样的艺术视野里,作品无它,只不过是作者人格的流露,也就是我们惯常说的"文如其人"。循序着这样的等式,我们可以说一部伟大作品的作者必有着伟大的人格，而低劣的作品必出于人格低下的作者之手，或说，有着伟大人格的作者必能写出伟大的作品，而人格低下的作者就只写得出低劣的作品。将作品的优劣与作者人格高下划上等号所引出的各项推论，在最表面的思辨中已然透露了某种混淆。很明显的，这种论断将并不必然相属的道德批判与美学批判掺杂于一处了。人格的高低属于道德的批判，而作品的优劣则属于美学的批判。属于道德的尺度——如诚实、慷慨、忠恳等等——如何运用到文学赏析的美学之中？在实际的运用上，此一等式亦出现了难堪之处，因为它所暗藏讯息是"努力修养人格，伟大作品必应运而生"，而毫不提及文学技巧与艺术视野的存在，不但对文学阅读毫无助益，对文学创作亦无实际用途可言的。

令人惊异的是，在新批评理论彰显此种谬误的数十年后，将作者与作品合而为一的观点，依然四处弥漫。这也许是埋藏于人类潜意识里的原始冲动，无法做理性上的纠正，而更可能的解释是，拒绝面对"意图谬误"其实是一种智性上的懒惰，所以在不事思考的本能挂帅时，此一谬误必倾巢而出。那似是而非的"人如其文"的陈腔滥调，虽然在思辨上没有多少立足之点，却仍有着庞大的吸引力，是最易使人照单全收的取向。因此，这个方便且不必太费力论证的等式，提供了一个以批评作者的人格来批评作品的快捷方式，文学批评有如政治斗争，打倒作者，就等于打倒了作品。一旦在道德上被贬抑成恶人，其艺术创作就不值一顾，有谁胆敢说希特勒的诗作与画作有艺术价值？因为丑恶的灵魂，只可能制造出丑恶的作品。

这"因人废言"的文学取向,更成为那些不能(或不愿)就作品论作品的人攻讦自己不满的作者或作品的方便借口。我就曾在一个文学会议上,听到一位学者以此种方式对"在美国用英文写中国故事"的中国作家大肆攻击,他所依据的并不是这些作品在文学上的缺失,却是这些人不甚高尚的企图:他宣称这些作者的意图无他,只在出卖异国情调求取己利而已。据此,他定下了这些作品没有任何价值可言的结论。本着"意图谬误"的观点,我们立即可以看出这种批评里的问题。首先,本着韦姆塞特与比尔兹列对作者意图"不可得"的论点,我们可以质问这位文评家,他如何可以确切地知道那些"在美国用英文写中国故事"的中国作者的意图为何?那所谓的"出卖异国情调",充其量,也只是这位不满的文评家自己做出的一厢情愿却十分不负责的推测,而他提出这毫无证据的假设,为的也只是要"证明"他所提出的负面批评。所以,这是用自己的推想证明自己的假设,是一种自说自话的指控,而算不得是文学批评。第二,就算这些作家有着这位文评者所说并不高尚的动机,那些动机是否就是作品拙劣的必然证据?不高尚的写作动机,是否就一定成就不了文学上的杰作?文学史上有多少经典之作,是作者在饥寒交迫时为维生而写?"为钱而写"当然不是什么高尚的动机了,我们难道必须以此来否定这些作品的价值?如果一位作者写作的唯一动机只是名利,但他最终写出了一部可以传世的杰作,那我们是否要因为他并不高尚的动机,而漠视他作品的优异性,或本着作者的低下意图,而将其作品斥为低下?

以攻击作者的动机来攻击作品,不仅是一种智性上的懒惰,更是一种变相的人身攻击,不但对作品的评鉴一无贡献,反而正示范了"intentional fallacy"在英文里的另一层意思——那是"故意的错误"与"有意的中伤"。

文学作品的评断到底应根据作者意图或是作品本身的争论,似乎可在哲学家在伦理学的讨论中找到一个平行的例子:道德判断应依据行动者的意图,还是行为的后果?如果一个有着良善动机的人,他的行为对他人造成伤害,那种伤害是否可因当事者"并无恶意"而获得豁免?抑或是,道德的裁决根本不应考虑行为者的意图,而全然以行为所造成的后果判决?这种对立已经隐藏在由柏拉图与亚里斯多德分别为西方哲学所树立的、以理想或真实为依归的两大阵营之中。康德就认为道德的评断,应取决于人的意图及动机,而不必考虑行为的后果。然而,陀斯妥耶夫斯基却在《白痴》一书里,对这种观念做了最大的颠覆,主人公梅什金公爵(Prince Myshkin)出于善意的种种行为,却有着惨烈后果,并为众人制造了最大的痛苦。"意图"与"后果"的辩证弥漫着伦理学的历史,当然不是我这篇文章所要讨论的。只是借之来点亮与它同样方兴未艾的、在文学领域中的另一场辩论。

随着现代心理学的发展,人的动机益愈不可定位,道德伦理的判断亦就越趋于以行为的后果作为唯一的考虑。而"意图谬误"的提出,亦可以算是二十世纪文学理论史宣布作者死刑的肇始,到1968年罗兰·巴特(Roland Barthes)发表《作者之死》(The Death of the Author)一文时,作者的死刑就被彻底地执行了。就像文学史上所有的运动一样，后现代文学理论亦是对新批评的反动，它们所要解构的，是新批评处心积虑所建立的作品与阅读的独立性，后现代主义除了以宣称"作者已死"而彻底地除去作者的存在之外，他们亦否定了读者的个别阅读权，在结构主义与新历史主义的旗帜下，文学作品不再是一独立自足的个体，而是应被拆解成建构系统与功能的元素。

然而上世纪二十年代的新批评与七十年代渐兴的后现代文学理论，都不足以将"作者"自大众意识中彻底地铲除。通俗文化对名流崇拜的狂流，甚至反向而行地浇灌着人们对"作者"的兴味与好奇。在当今的出版业中，作品与作者合一的回忆录，成为最畅销的文类，而即使在虚构文学类中，读者对作者的兴趣似乎也超过了作品本身。为满足这对"作者"的悬念，作者为作品的作秀打书，以及媒体对作者的专访写真，亦成为出版文化中最新盛行的促销手法。看来，韦姆塞特与比尔兹列在半个世纪前提出意图谬误的用心，不但未能在大众意识里发生太大的影响，读者渴求作者意图以作为阅读指引的欲望，反而有着越演越烈的趋势。

碎心人与驯马师

萧伯纳（George Bernard Shaw）写成于1919年的剧作《碎心之屋》（*Heartbreak House*），去年突然在美国流行起来，纽约、西雅图、克里夫兰等地的剧院先后上演此戏。我居住地的圣路易剧院（St. Louis Repertory Theater）也以此剧作为2007年的开档戏。这部戏突然这样受到重视，大概是和美国深陷伊拉克战事的现况有关，因为《碎心之屋》一向被认为是萧伯纳所有剧作中，反战精神最强的一部。

但是完全没有阅读"背景资料"就去观赏此剧的人，却很难在剧情里感到所谓的"反战精神"。全剧不但对战争只字未提，而且从剧情看来，似乎只是一出充满着睿智对话的轻松喜剧，几乎可与王尔德（Oscar Wilde）那些玩世不恭且尽情耍弄聪明的剧作，归成一类。

这是一出典型的"客厅剧"（drawing-room drama），剧情全以在"客厅"聚会中发生的事件与对白为骨干，而聚集于"客厅"内的，也多是来自上层社会的悠闲之士。他们有不凡的文化素养，所以可以引经据典、出口成章、使用着漂亮锐利的语言,但因为不必操劳生计而有太多闲暇,他们也常被困在无法打发的无聊与倦怠里,群聚一处时,也就不过泛漫地谈天说地,嚼舌讥讽,在语锋里比聪明,或是打情骂俏,以恋爱及失恋来填补生活的空虚,以想象的"心碎"来增添一点心灵上的刺激。剧中于是出现了令人目眩的爱情重组与配对,各个角色快速地弃旧爱结新欢,顿时"心碎"之人遍布客厅,使这屋舍成了"碎心之屋"。

但爱情却只是这些剧中人在无聊中找寻的消遣,心碎也就只有做戏般的造作,除了年轻的爱丽·邓恩(Ellie Dunn)之外,这些心碎情事说来都十分可笑,喜感多于悲情。如老船长对那为要恋爱而恋爱的女儿所说的:"想要心碎,你总先要有一颗心吧!?"但这些剧中人,在爱情与其他事上,却多是无心的。最终,由这些琐碎的心不在焉所堆叠出的剧本,除了长串令人爱不释手且可大被引述的聪明对白之外,并没有重要的情节线索。

故事发生在肖特维尔老船长(Captain Shotover)的客厅里(一座依船形所建的房子)。这位老顽童似的船长,一生航行世界,见识宽广,如今老迈,糊里糊涂,语无伦次,不知真是年老痴呆,还是借老装傻。他有两个已婚的女儿,大女儿艾辛妮(Hesione)是个语不惊人死不休的自由派,活脱是一位赶在时代之前提倡性解放的嬉皮;二女儿艾比(Abby)则是另一个极端,她势力保守,早早嫁了一个有头衔的贵族,成为很有社会地位的乌特伍德女士(Lady Utterword)。幕启时,我们最先见到的是艾辛妮请来的访客爱丽·邓恩,崇尚爱情自由的艾辛妮一心想破坏爱丽将要缔结的一桩有金钱却无爱情的婚姻。在艾辛妮的追问下，爱丽透露自己已有一位心上人，然而一番转折后，爱丽发现自己的心上人竟然就是艾辛妮风流倜傥的丈夫赫克托（Hector），年轻的爱丽顿时心碎，但主张婚姻开放的艾辛妮却毫不以此为意，仍旧用尽心机去引诱爱丽有钱的未婚夫，好让他爱上自己而不娶爱丽。同时艾比也爱上了自己的姐夫赫克托，心碎的爱丽则决定和老船长长相厮守。一连串令人昏眩的鸳鸯乱飞，推动着故事的情节，直到最后一幕，我们才听到了远方传来的隆隆炮火之声，但这一群以恋爱来打发无聊的人，却在炮火声中找到了新的刺激与兴奋，幕落时，他们充满幻想地等待这将到的可能（这其实是早已发生在他们身边的第一次世界大战）。

从表面的情节看来，这样一部言不及义、嬉笑怒骂的作品，似乎很难叫人看出任何严肃的反战意涵。《碎心之屋》之所以被认为是萧伯纳最具反战精神的一部戏剧，除了它的写作时间外（第一、二幕写于一次大战期间，第三幕则到战争结束的1919年才完成），更重要的原因则是这个剧本有一个极不寻常的序言。这篇序言有三十二节之多，长度几乎是剧本的三分之一，且读来完全像是一篇政治宣言。在序言中，萧伯纳尽情表现了他反对战争的立场（不仅只是反对第一次大战，而是反对所有的战争），这篇序言，也就为剧本中毫不相干的情节，蒙罩上了一层反战的隐意。

一般而论，有序言的剧本少之又少，因为序言不能被演出，严格说来不能成为剧本的一部分。剧作家所写的序言，最多不过是些附加的脚注,很少有像这篇序言,竟在剧本之外做独立的长篇大论。当然,剧作家对自己的剧本做长篇大论的也并不是没有,比如阿瑟·米勒(Arthur Miller)就曾为《推销员之死》(*Death of a Salesman*)写过一系列辩论解说的文章,但那些文章到底是发表在剧本已被制作演出之后,所以并不是戏剧文本的一部分。萧伯纳这篇冗长的序言,却与剧本一起出版,似乎是刻意地要成为剧本的一部分。这不寻常的结构,使《碎心之屋》在戏剧的文类中独树一帜,成为十分特殊的案例,它为"观赏"与"阅读"剧本,提供了不同的版本与经验。也就是说,这剧本的"观众"与"读者"有着不同的参照与框架。阅读出版物的读者,在序言的参照下,自然会透过一个"反战"的棱镜来解析剧中的人物、情节与对白。如此,剧末那隆隆炮火声就有了深沉的意义,也产生了可能是剧作家所意图的、令人寒战的效果。但在剧院里看戏的观众,因为完全没有序言可资参照,故难从剧本所提供的轻松且愉悦的情节,跳接到剧作家所暗藏的政治关怀。这横列于"观众"与"读者"视角间的鸿沟,因而成为一个值得玩味与深思的设计,可能正为诠释这部剧作提供了一个难得的契机。在融合这道鸿沟的过程里,我们可能反而更能接近萧伯纳对战争及社会精英分子之间所持有的那份隐晦与模棱的意见。而从戏剧史的角度来看,萧伯纳表现在序言中的"说教"冲动,正是他对"社会议题"固有悬念的表征,这种悬念开启了十九世纪末与二十世纪初"议题戏剧"(problem play)的写作,其中的大家还包括了易卜生及斯特林堡等人,他们的剧作多以处理社会或政治议题为核心。

此剧原名《英式题旨的俄国幻想曲式变奏》(*A Fantasia in the Russian Manner on English Themes*)。萧伯纳自称承袭了契诃夫的《樱桃园》、《万尼亚舅舅》以及《海鸥》等戏的基调（契诃夫的这些戏剧都曾在当时的伦敦上演，却并未广受欢迎）。在序言中，萧伯纳更开宗明义地说："'碎心之屋'并不只是这部剧作的剧名，它其实就是大战前悠游于精致文化与闲暇的欧洲。"借着参引契诃夫，萧伯纳在序言中列举了对悠闲阶级的两种不同态度。托尔斯泰对"碎心之屋"持完全敌对的立场，他认为那是一种沉溺，扼杀着欧洲的精神文明。据此，萧伯纳认为托尔斯泰是一位乐观主义者，因为他相信这"碎心之屋"里的人是可被"拯救"的。相较之下，契诃夫则是一位悲观的宿命论者，他对"碎心之屋"里的人毫无信心，也不相信他们有逃脱此屋的可能。既然没有逃脱的希望，那就不如专注于他们迷人的魅力，为之做最尽情的刻画与书写。

对这两种态度，我们也并不陌生，它们其实就是鲁迅在"铁屋"的意象中所欲叙说的。铁屋着火时，我们是否该叫醒沉睡在铁屋中的那群人，还是知其不能逃脱，且就让他们继续沉睡？

在托尔斯泰和契诃夫的两极里，萧伯纳所采取的可能是那中间的道路。所以他会在一出契诃夫式剧本的前面，写下一篇托尔斯泰式的序言。《碎心之屋》一剧并不乏对这群悠闲之士的讥讽与谴责，如最后一幕，在刻画这群人兴奋地迎接炮火声时，萧伯纳提出了他对欧洲精英分子的间接批评，这群人天真地将战争理想化与浪漫化,却对战争邪恶的摧毁性全然盲目。那炮火声也象征着欧洲精英分子与现实的彻底隔离,身处战争而不自知。然而,萧伯纳虽有鲁迅及托尔斯泰的急切与失望,他却有更深的、契诃夫式的对这群人的惺惜。因此,观看本剧,我们对这群缺乏行动能力而只热衷恋爱的剧中人,除了时有的嘲笑之外,更有着不少的同情与爱悦。到底,他们的琐碎并无邪恶的企图,而只是一种麻木与无心。而萧伯纳又是那样不能自抑地把他们的可喜与可爱,明白地写在剧本里。就因为整个剧本有一种愉悦的基调,即使读了萧伯纳的序言,我们还是难以简单地把这出戏解析成是萧伯纳对欧洲精英分子的讥讽与谴责。但是,如果不是讥讽与谴责,那么这出愉悦的喜剧,与反战的立场,又能有何种其他的连接?

我个人认为萧伯纳在序言里对"碎心人"(heartbreaker)与"驯马师"(horsebreaker)所做的区分,是回答这个问题的一个重要线索。"碎心人"与"驯马师"这两个看来突兀的对比,因为在英文里有文字与音韵上的对称,所以被萧伯纳选来描述两种不同的人生的态度。"碎心人"是我们在这出戏中所见的那些纤弱寡断、毫无行动能力而只沉溺于爱情幻想的有闲阶级。"驯马师"则正相反,他们是有着清晰目标的行动者,身体健壮,充满活力,有成事的干练,也有起而行的动力,因此,他们绝不会像"碎心人"那样,坐在屋里耍嘴皮,或忙着谈无稽的恋爱以求心碎。"驯马师"应该是鲁迅与托尔斯泰的英雄,如果铁屋着火,就算知其不可能,以行动为生命指针的他们也会拼命想出解决之法。但是"驯马师"却说不出我们剧中人口里那些聪明又有智慧的话语，他们不甚喜爱文学艺术，也不做哲学沉思，像萧伯纳所说，那些"驯马师"听了一小节舒伯特的音乐，就要开始打盹。如此说来，这些积极外向的"驯马师"好像也并不是萧伯纳心中的理想，在描绘"驯马师"能干上进的同时，萧伯纳仍然透露了他对"碎心人"的依恋。（这人生境界中的两极，后来成为汉娜·阿伦特哲学论述的核心，她将之分类为行动生活［vita active］及默观生活［vita contemplative］。前者以公众事务为关怀，后者则投注于私己的精神领域，阿伦特的《人类境况》［*The Human Condition*］一书以前者为主题，《心智生命》［*The Life of the Mind*］则是对后者的论述。）

萧伯纳所论及的"碎心人"与"驯马师"之间的张力，可能就是融合《碎心之屋》这个剧本与反战这个政治立场的一个起点。它暗示着两种几乎完全相反的视角，也显现了萧伯纳对"碎心之屋"以及"碎心人"爱恨夹杂的情绪。

如上所述，对"碎心人"与现实的脱节，以及对战争的过分天真，萧伯纳不无讽刺与谴责的用心，但除了挖苦他们的浑噩之外，萧伯纳的另一意图，则是在以这些人的浑然不觉来展示出战争荒谬的本质，因为在发动战争的政治决策中，最有影响力的社会精英分子，就是剧中所刻画的悠闲阶级。如果战争决策是出于一群将之视为新奇好玩的团体，那它怎可能有任何崇高与值得为之牺牲的价值可言？所以在刻画"碎心人"的浅薄与盲目的同时，萧伯纳也在写战争荒谬与可笑的基础。这是对托尔斯泰声音的回响。

但是除了将这些人与战争的责任挂钩，以显示战争荒谬的本质外，萧伯纳却又转折地从另一个完全相反的角度，用契诃夫的戏剧笔触，暗语着这些人将成为战争牺牲品的可怕臆想，并以之作为反战的另一种论证。战争铁蹄所将践踏殆尽的，正是这部戏所呈现给我们的那优雅与愉悦的客厅文化，因为战争索要的是"驯马师"的主导，与对"碎心人"的全盘否定。在处心建构起这充满笑声的剧本之后，萧伯纳以那远处传来的炮火之声，警示着这一切的可能失去。在对这可能失去的悲怆假想中，观众对这群不知大难将至的天真"碎心人"，就不仅只有道德上的戒慎恐惧，更还有情感上的惺惜与同情。

其实萧伯纳最著名的反战言论，就是建立在对这种丧失的不忍之上。他曾风趣地说："我反对战争的原因无他，只是因为那阵亡的战士中可能有未来的牛顿、莎士比亚或是萧伯纳。"

据说，萧伯纳是在与布鲁姆斯伯里群（Bloomsbury Group）文人相聚的一个周末后，写成此剧。他后来也曾在给弗吉尼亚·伍尔夫的信中写道："我写过一部叫《碎心之屋》的戏，它总使我想起你。"戏中的艾辛妮，确实令人想起伍尔夫及她的姐姐凡娜莎·贝尔。而要说《碎心之屋》中这一群言不及义的悠闲之士，是布鲁姆斯伯里团体的群像，好像也不是太过牵强的说辞。

那么，像布鲁姆斯伯里这样一个团体的可能消亡，不正是最好的反战论证？在给伍尔夫的同一封信中，萧伯纳接着写道："你知道我爱恋着你，就像所有的男人都爱恋着你一样。"这份对伍尔夫及布鲁姆斯伯里的爱，与萧伯纳的反战立场，同样强烈,这两者不但并不相互矛盾,更是相辅相成的。因为这群悠闲之士在行动生活中,看来可能彻底的无用,但悠闲与无用却正是精神生活最基本的元素,是亚里士多德界定为文明基础的 schole。二十世纪的哲学家皮柏(Josef Pieper)甚至以此为题写成了一本书:《闲暇:文化的基础》(*Leisure: The Basis of Culture*)。在看似无用、却缓慢地滋润文化成长的悠闲,与对文明做快速毁灭的战争之间,萧伯纳明显地护卫前者。

也谈《色，戒》里的性爱场面

一向对李安与张爱玲有着十足的崇敬，却对李张初次"合作"的《色，戒》有着难以解释的驻足不前。电影在台北上演的时候，我正巧返台省亲，赶上那场沸沸腾腾无事不"色戒"的热闹，却硬是沉住了气，没有赶着去看这部电影。可能是对这一拥而上的热闹有着直觉的怀疑，也可能是觉得需要某种客观的距离吧！一直等到回了美国，才在圣路易市一家可容数百人、却只有二十来位观众的戏院里，安安静静地看完了这部电影。

虽然没有在台北嘉年华会式的风潮里看这部电影，却几乎天天在报上读到对这电影的评论文章。令我感到惊奇的是，这部对我而言是以女性内在心理为主题的作品，激起的却多是有关"历史"的讨论。也许这个故事发生的时代，的确是一个我们永远解不开的心结，因此难以把历史的议题推到它应有的背景地位。但是这样深重的历史情结，又会如何地影响着我们对《色，戒》的艺术赏析？

龙应台认为李安拍摄《色，戒》，是为了"抢救历史"。但她所列举的，也不过是李安如何在上海制片厂里用心地重造那个时代的种种：比如真实地重造三轮车上的牌照及号码，仔细挑选易先生办公室里的摆设、书桌、文具、杯子，甚至在制片厂里一棵棵地种下法租界里那两排法国梧桐等。但是，这些难道不是所有敬业的导演在拍摄"时代剧"（period movie）时，为制造"真切"印象所必须做的功课吗？将此说成"抢救历史"，是否是一种错置的夸大？李安拍摄简·奥斯汀的《理智与情感》时，用心重造十八世纪英国乡间氛围的努力，我们大概不会将之冠以"抢救历史"的庞然名目吧？

也有人反驳龙应台这"抢救历史"的论点，裴在美在她的短文中，就从纪录片与艺术片的分野为基础，指出用历史论断《色，戒》的不妥。张系国在他的专栏文章中也表示出对李安的不满，他的出发点仍是历史。张系国认为李安面对这样的"大时代"，却选择了一部讲男女情欲的"小碗菜"，十分令他失望。然而"不面对大时代，却只讲儿女私情"这样的指控，早就被批判张爱玲的人反复用过。张系国旧调重弹，只能说是他期望另一种电影的个人"心愿"，却不是就作品论作品的公允评论。然而，这样的论调出自写小说的张系国，还是十分令人惊异的。"小说"与历史的"大说"本就在不同的领域里处理人类经验，"小"说有时却比"大"说更能捕捉得到时代的真意。张系国这样的论调，似乎是对自己操执已久的小说艺术形式，表现出了本质上的不信任。

龙应台那篇《我看〈色，戒〉》对李安的电影做了十分精准的剖析。虽然文中对张爱玲原著的各种解读，不能让我同意，但因为它对李安电影的诠释较为全面，所以我将在以下的讨论中，大量引用她的文章。

除了需要"客观冷静"的距离外，我对《色，戒》一直驻足不前的另一最大原因，可能还是与这部电影最被谈论的性爱场面有关。倒不是出于卫道士或清教徒的洁癖，我一向认为性爱和其他的经验一样，本就应在电影勾画的范围之内，只是处理性爱场面要求着高度的技巧，所以真正成功的例子少之又少。我对这部电影床戏存疑的原因，全然来自阅读张爱玲的经验，在没有观看电影之前，我很难想象那些直接且暴露的床戏，如何与张爱玲幽微低调的艺术质地相安共存。

李安决定在电影中加入原著中并未直写的床戏，就已明示着他对张爱玲原著有某种特定的解读，他不但将性在这对男女的关系中做了很高的定位，也暗示王佳芝最终背叛大义而决定放走易先生的关键，是根源于两人的性关系，也只有这样的解读，才能合理化床戏在这部电影中量与质都笼罩全局的地位。那么，李安所循序的也就是我们一般所说的"由色生情，由欲而爱"这样的情感发展了。然而"由色生情"亦有两种不同的心理解释：第一种是假设女性被传统制约，所以会对自己已经"委身"的男人产生爱情，潜意识地要用感情跟进，以为自己的"不贞"做出一种开脱，也不论性关系是在什么样的情况下发生的。第二种则直指肉体的快感，女人因为性的愉悦，而逐渐对男子生出爱情。

从张爱玲本人对《色，戒》所留下的讨论文字看来（即响应张系国的《羊毛出在羊身上——谈〈色，戒〉》一文），第一种心理况态好像才是她有兴趣探索的，王佳芝莫名其妙地失去童贞的后遗症，深过于小说字面的交代，所以张爱玲才会说王佳芝有着"不是白白失去童贞"那样的计较，她甚至在那篇文章中点明了王佳芝是因失贞而心理不正常，才会糊涂地放走易先生。然而，李安的电影却明显地偏向"由色生情"的第二种心理解释，也因此，他才会认为这是一个女子情欲战胜爱国情操的故事（见与《华尔街日报》的访谈）。龙应台亦在她的文章中呼应这种解读，甚至认为这是张爱玲的颠覆性所在，因为女主角王佳芝为情人"变节"，并非出自纯纯的浪漫爱情，而是出于对性爱的享受。龙应台更进一步说，张爱玲在原著中虽然没有直接写性场面，但她的小说中却有这样的一句话："到女人心里的路通过阴道"，龙应台认为这简直就是张爱玲留给李安的导演指示！

我很难相信以隐晦幽微为其艺术视景的张爱玲，会用这样一句粗俗且显眼的话语，道出她故事里的玄机，更难接受一向喜爱侧写的张爱玲，会如此明白地用这宣言式的句子讲出故事的主旨。

仔细阅读"到女人心里的路通过阴道"这句话在原著里的上下文，我认为那其实是一句反话，不但不是这个故事的主旨，反而是张爱玲对男性自以为是的轻微嘲讽。男人自以为"到女人心里的路通过阴道"，和接下来那句迂腐的学究为多妻辩护的名言是同一层次。所以李安抬高王佳芝情欲的解读，看来好像是龙应台所说深具颠覆性的解放妇女的视角，但在张爱玲原著的语境中读来，却正是张爱玲所要揶揄的、男性自说自话的视角。

龙应台在文章里举出了张原著中诸如"每次跟老易在一起都像洗了个热水澡,把积郁都冲掉了,因为一切都有了个目的"这样的话语,来作为王佳芝是享受着性爱的证据。然而"一切都有了目的"这句话,是否也可以解释成是"有目的"的性爱,使王佳芝在失序的战乱中得到了某种舒解?(张爱玲自己对这"目的"的解释则是上文所提的"不是白白失去童贞"那样的计较。)当然,我们不必要排除王佳芝其实享受性爱的可能,只是她最后动真情是源自性爱的说法,张的原著中并无这样的痕迹。

参照张爱玲的自白,以及我个人的解读,最终使王佳芝动真情而功亏一篑的,恐怕不是龙应台所描述的那种有颠覆性的性爱,却反而是极其传统的情愫,而张爱玲在《色,戒》中所要描写的,正是女人跳脱不出传统感情框架而产生"爱与被爱幻觉"的悲剧。这与小说的题目一起读来,简直生出了寓言的余音——所戒非色,乃由色而生之情幻。除了上文提及因"委身"而必以感情跟进的情结之外,那枚钻"戒"是一个更现实的线索,小说前段预设易太太抱怨先生不给她买钻戒的伏笔,以衬托出王佳芝对易先生买钻戒给她时的感动,这虽然是出于女人之间的竞争心理,也是传统妻妾争宠的情结,但它所引发出的情感,却是极其真实的,尤其对照着要为自己"失去童贞"扳回一城的心理。此外,使王佳芝在一刻间恍惚而动真情的,当然还有与易先生对坐斗室所感到的、比性爱更具诱惑力的家常之感。在张爱玲的笔下,这对在珠宝商斗室里的男女其实各有怀抱。王佳芝想及从前几次与易先生的欢爱都在匆忙与紧张中度过，风声鹤唳，一夕数惊。

> 只有现在，紧张得拉长到永恒的这一刹那间，这室内小阳台上一灯荧然，映衬着楼下车窗上一片白色的天光。有这印度人在旁边，只有更觉是他们俩在灯下单独相对，又密切又拘束，还从来没有过。

而他则因为想着自己多次陪欢场女子买东西的过去，而"不免怃然"：

> 此刻的微笑也丝毫不带讽刺性，不过有点悲哀。他的侧影迎着台灯，目光下视，睫毛像米色的蛾翅，歇落在瘦瘦面颊上，在她看来是一种温柔怜惜的神气。
> 这个人是真爱我的，她突然想，心下轰然一声，若有所失。

关键是"在她看来"。他的自叹被曲解成了是对自己的爱惜！然而，这"致命"的错觉，不但不是因为性爱而起的恋栈，相反的，她之所以有这轰然而起的感恩之情，正是因为在那一刻，她突然想象自己并不只是易先生性的玩偶，而是可以与他妻子平起平坐、并能与他共度这样家常时刻的伴侣，比起从前那些匆忙的交媾，这种感觉，"还从来没有过"。

但这终久只是一个她想说服自己而生的幻象！那"苍白清

秀"的易先生所沉思着的,是自己过去的猎艳经验,完全与她无关。她却要为这失去焦点的一刻,送上性命。这阴错阳差的惘然与枉然,正是《色,戒》对爱情的写像,有着张爱玲自己说的、令人毛骨悚然的恐怖与心惊,像二言三拍敲出的一句醒世恒言,更像一出小型的、以制造"悲悯"及"恐惧"为业的希腊悲剧。

李安的电影却把小说最后场景里这"轰然一响"的张力完全打散了,在电影中,不但送戒指的情节被改写成了两个阶段,连最令王佳芝心动的"家常"画面,也被附加到了另一个场景之中(日本餐厅里王佳芝为易先生唱小曲的段落)。这样的布局,彻底粉碎了张原著对爱情建构出的反讽,却把《色,戒》铺叙成了一则乱世男女相濡以沫的爱情传奇。而《色,戒》中阴暗的、女性对性不能平衡的心理戏,亦在这双向的爱情曝光中,而变得了无痕迹。

李安在数次访谈中,一再谈到"忠于原著"是他拍这部电影的目的。然而李安"想象张爱玲"的努力,似乎更超越了文本,这表现在他意欲重叠王佳芝与张爱玲的企图里。电影加入了小说中并没有的、王佳芝被前往英国的父亲遗弃的情节,隐约引入张爱玲的身世,也挑动了张爱玲与胡兰成之间恋情的联想。龙应台在她的评论中,更明白地把《色,戒》的故事做了十分"自传"式的解读,她说这篇被张爱玲涂涂写写了三十年的小说,有着"太多的欲言又止,太多的语焉不详,太复杂的感情,太暧昧的态度",所以是"隐藏着最多张爱玲内心情感纠缠的一篇作品"。李安也曾列举这三十年的数字,以印证这篇小说有着诸多玄机。《色，戒》这只有二十几页的小说，文字绵密异常，的确要求着十足弹松棉花的功力，就连基本的情节，都需要数次细读才能厘清面貌。但是把这部作品描写成是张爱玲辗转写作三十年都不能放手的意象，却只是龙应台及李安过于一厢情愿的想象，与事实大有出入。在《惘然记》的前言里，张爱玲对《色，戒》的写作出版过程讲得十分清楚。《色，戒》早曾发表，只是三十年后，为再版而做了某些更改与添加，而被改写的，也并不只有《色，戒》这篇，还包括了《惘然记》中其他的两个短篇《相见欢》与《浮花浪蕊》。

这虽然是个小节，却显示出阅读者在急切地合理化某种诠释时，会如何轻易地"想象"出其实并不存在的情结，一件三十年后为再版而改写的平常事件，却被渲染成了玄机重重的、张爱玲怀抱三十年的隐情。以想象力重造张爱玲的小说是一回事，以想象力重造张爱玲的生平事迹则是另一回事。前者是阅读与艺术创造必有过程，后者则是文评者坚持自己的论点时，因过于急切而显现出的偏执。

李安当然有他想象张爱玲的自由，一部改编自小说的电影，优劣并不完全建立在它对原著的忠实之上。忠于原著的电影不尽然是优秀的作品，而不忠于原著的电影也并不尽然是不成功的电影，更不用说此种"忠实"的不易掌握，就像这部电影所刻画的各种"忠实"（对国家的忠实、对情感的忠实、对家庭的忠实……）一样，都只是一条滑溜的鱼，抓也无法抓稳。但是电影与原著的比较，也并非完全无功，它亦能提供艺术评析的契机与语汇。比如说，李安用了王佳芝这个女间谍因一时软弱而全盘皆没的故事纲要,却在情感的本质上做了飞升,而将之膨胀为一则男女相悦却终要面对乱世诸般不得已的爱情悲剧,这种脱离是否将出现断层?将一则寓言式的对爱情的反讽转换为"倾城之恋"式的爱情故事时,我们需要多少跨越的桥梁与可信的附加?那个在张爱玲口中时时以丧失童贞为念的王佳芝,如何可被转变为李安口中那浸淫情欲而使之淹没爱国心的女子?是否也就是要圆小说中原来并没有的"情欲论",除了大量的床戏之外,李安还不得不在电影中加入诸如王佳芝在领导老吴面前歇斯底里呓语("他像蛇一样地穿入我的心……"云云)这样的段落?而这段落的突兀与造作,是否也是改写版本不能被原著故事支撑时所出现的一个裂隙?当然,我们可以引入"战争的破坏使人珍惜肉体的真实",或是"秩序崩溃的时代令人铤而走险"这样的脚注,来"说明"王佳芝情感发展的路程,以及性在两人关系里的比重。但这些"解释"毕竟只是电影之外的思辨,而并不是电影有机地制造出的氛围与情绪。

至少对我这位观众而言,那几场最被人谈论的重头床戏,并没有制造出这样的氛围,也因此没有为电影的跨越,做出情感上的联接。更因为这些床戏的拍摄有着打破禁忌的诉求,在执行上难免显现出过于风格化的倾向。在大胆尝试新方向时,艺术家很容易掉入自我沉溺的迷阵而不自知。王家卫在《花样年华》中使用旗袍花色以营造心情的手法就是一个例子。那画面的运用,就算再有创意,却也可能因为过于刻意与缺乏节制,而泛滥成灾,成为对感官不止息的侵扰。王家卫《花样年华》中那一系列的"旗袍特展",曾经使我这位观众,在中场因受不了而夺门而出。李安这几场床戏虽然没有严重到使我逃跑的程度,却也显现出了类似的节制上的失控。而这几场欠缺情感内容的床戏,在我这位崇拜李安的观众眼中,也成了李安所有电影中最"非李安"的一组镜头。即使这些画面所要呈现的是某种彻底与淋漓,而我所能感受到的,却只是人体的可能排列,以及性爱刻板印象中的数种组合。《断背山》中两位情人造爱场面所流放出的情感质地——那孤寂里的急切——在《色,戒》的床戏里完全缺席。因此,对于这些冗长、机械、突兀、并深具侵略性的镜头,我完全无法发出龙应台所用的那些赞词:"性爱可以演出这样一个艺术的深度,Bravo,李安。"

《纽约时报》的影评人达吉斯(Manohla Dargis)提出了全然不同于龙应台的看法,她说《色,戒》里的性爱场面,使她想到高中时期几何课程的内容。说的稍嫌刻薄,但却也点出了这些镜头过于刻意与欠缺情感内容的本质。当然,抽空情感的几何图形,也许本就是李安所要表现的艺术效果,果真如此,那我就更不知如何在整个电影的语境里,去解说这些镜头的意义了。

如上文所言,忠于原著并不保障电影的艺术品质,反之,与原著的脱离,反而可能意外地成就某种新的视野。李安电影对易先生的改写,可以算是这样一个例子。在张的原著中,易先生面貌模糊,这不是因为张爱玲的技巧不足,而是因为这个故事的核心是王佳芝的内在,而不是他(或是他的爱情),也只有透过王佳芝情动的眼光,我们才能够看得到他"有点悲哀"那感性的一面。在电影里,李安却赋予了易先生最大的同情,在梁朝伟无懈可击的演出里,我们看见了他眼中各样情绪的混合:恐惧、哀伤、寂寞、渴望……让人想起了《断背山》里的杰克,以一注眼神传达万千情感,这是李安最为擅长的抒情笔触,也因此,易先生的重造,毫无痕迹地溶入了整个电影,他的可信度,远远地超过了王佳芝性格发展的可信度。反讽的是,易先生的塑造成功,是不是又印证了这是一部以男人视角写成的电影(即使电影的编剧之一是位女士)?

龙应台在她的文章中,曾引胡兰成的话来写张爱玲的慈悲。但是张爱玲的慈悲,亦和李安温情的人道主义有着本质上的不同。龙应台根据《陈立夫回忆录》,而考据出了易先生所本的丁默村被枪毙时的荒谬情况,使龙应台在文末十分感性地写道:"在那样的时代里,你对'忠奸'难道不该留一点人性的空隙吗?"李安对易先生的改写,似乎也是本着这样的情怀,他使我们暂忘易先生是一名奸险的人,或者说,他使我们相信着奸险的人也有情感脆弱的一面。但是张爱玲的小说所表现出的慈悲,却全然不是这本着"奸人也有人性"的温情。她的慈悲超越道德的计较,尤其是以政治立场定出忠奸的狭隘道德计较,所以没有"虽然……但是"的辩证,却直指人类存在的境况。也就因为没有忠奸善恶的前设,张爱玲一眼不眨地透视人性,看似冷酷,却比滥情的人道主义,有着更大的慈悲与更多的宽容,在她白描的故事中,易先生的人性,并不需要"有情却不得不杀了她"这样的演绎,才有存在的空间。而王佳芝的"背叛大义",在她情感境况的戏里,更被推至背景,而没有留下任何道德谴责的余地。

但不可讳言的,借着易先生这个角色的塑造,李安为张爱玲原本冷峻的故事,添加了一层温暖的深度,也借着电影最后一个镜头中易先生落在床上的孤影,为张爱玲戛然而止的故事,摇曳出了余波荡漾的悲调。但这令人低回的悲怆,却已完全不是《色,戒》那原始古朴的几近希腊悲剧的艺术感性了。

虽然不能在"忠于原著"这部分给予李安太高的分数,但作为独立的艺术作品,《色,戒》仍是一部十分可观的电影,处处透露着李安大导演的气度。但与李安其他的作品相比,《色,戒》却只能算是佳作,而不是杰作。

如果电影里的性爱场面可被削减成半,如果李安能在那些有着强烈"原色"的镜头里加上一点张爱玲的"间色",那么这部电影是否会因此而有较强的整体感,也因此成为一部较好的电影呢?这也只是我这位崇拜李安的观众,在遗憾中所能做的一点揣测了,和张系国那"大碗菜"的想望一样,终究也只是一种一厢情愿的臆想。

背叛遗嘱的人

英国诗人及小说家哈代，活到近九十的高龄，因此能在生前从容地交代后事，包括自己的埋葬之地。在遗嘱中，哈代清楚地交代了要葬在斯廷斯福德（Stinsford）教堂的墓园里。那儿葬有他的父母、第一任妻子艾玛，以及若干童年的玩伴。哈代成长于英国乡间，小说多以田园生活及乡村人物为描述的对象。死后能回归田园，是他一大心愿。无怪乎友人描述他在晚年时经常流连于斯廷斯福德墓园内，手抚自己即将安息的所在，脸上露出安心的笑容。

然而就在哈代自以为"终身"已有寄托的时候，崇拜他的超级粉丝科克雷尔（Sydney Cockerell）却正积极地运用关系打通管道，一心争取把他葬在名家群聚的西敏寺（Westminster Abbey）中的"诗人角落"（Poets-Corner）里。对于科克雷尔而言，像哈代这样一位伟大的作家，葬在西敏寺以供后人瞻仰，才是符合他身份与成就的归宿，怎能让这位大作家葬在像多尔切斯特（Dorchester）那样的小地方呢？

但是由于空间有限，西敏寺的诗人角落所能容葬的只有入坛的骨灰,也就是说要葬在西敏寺,哈代的遗体必先被火化。这当然不是哈代曾为自己想象过的结局,也很难说这会不会是他所愿意有的下场。然而,事情却还不只有火化这一桩。哈代的家乡好不容易出了一位名人,怎肯错过拥有他墓地的机会。斯廷斯福德教堂本着哈代遗嘱中的指示以及哈代家人的支持,力争自己该有的一份。在各样你来我往的协商之后,众人终于做下了一个通通有奖的决定——哈代的骨灰归西敏寺,而他那颗象征着爱的心脏则可安葬在家乡的墓园里。

1928年1月13日,哈代生前的曼医生(Dr. Mann)带着另外一位外科医生,前往哈代的家中动刀取心,挖出的心脏被放在一个饼干盒子里,不知何故曼医生却决定将把那盒心脏先带回自己家中,再移往将入土的棺木之内。据说放在曼医生厨柜上的饼干盒却不幸被家里的猫儿打翻,盒子里掉出来的心脏还被那只动物胡乱抓打了一番。虽然曼医生对此一再否认,有关哈代遗体的各种恐怖传说,却不停地在多尔切斯特的乡间蔓延。[1]

最终,哈代不但没有归终于他一心向往的静懿田园,还承受了自己一生从未想象过的剖腹挖心与烈火燃烧的对待。所为何来呢?只是因为崇拜他的人认为他是英国的光荣,按照科克雷尔的说法,他是"属于英国人民"的,因此他本人那卑微的遗愿不能被允许,即使要动刀放火,也非有一场轰轰烈烈的葬

---

[1] 取材自克莱尔·汤姆林(Claire Tomalin)新出的传记《哈代》(*Thomas Hardy*, Penguin Press HC, January 18, 2007)。

礼,并绝对要有一个可供众人瞻仰与礼敬的安身之所不可。

其实在历史上,遗体强被"国有化"的伟人,为数极多,哈代不是第一位,也绝不会是最后一位。肖邦在法国去世后,他的心脏也被挖出,由他的妹妹送回波兰,好使"祖国"的同胞能有机会表现他们对这位"国宝"的崇敬。

十多年前张爱玲去世时,虽然没有人建议要挖出她的心脏送回祖国,但也有无数张迷坚持不能理会张爱玲自己所要求的低调后事处理,而非要有一个"适合"张爱玲身份的隆重葬礼。幸亏一组有智慧的治丧委员力排众议,坚持按照当事人的意愿行事,张爱玲才能免受一场对她而言和剖腹挖心同样可怕的观瞻遗容、上香敬礼的伧俗葬礼。

张迷七嘴八舌地争论着该如何安葬张爱玲的那一年,我正巧读到了米兰·昆德拉(Milan Kundera)才被英译的新书《被背叛的遗嘱》(*Testaments Betrayed*),全书讲的是遗嘱的被背叛,描述的就是那些以堂皇之理由、而蔑视死者意愿的行为。虽然遗嘱背叛者的动机,可能是为了死者的福祉(为他死后的殊荣),但他们所坚持的,却是自己认为重要的价值——比如说名声、地位、万古流芳、厚礼大葬等等,他们却完全没有考虑这是否也是死者想要的。以普遍世俗的价值强加于有个别性格的死者身上,这行为在本质上就是把有独特好恶的个体,转变为仅具仪典意义的象征与符号,也就是把主体变成为客体,把人变为对象。

对于这样的行为,昆德拉做了毫不留情的挞伐:"不论将死者当成无用的废物来处理,或是当成珍贵的象征来崇拜,显现的都是同样的、对死者独立人格的污蔑。"

反过来说，使我们忠于死者遗愿的又是什么样的动力？是什么力量使我们愿意撇开自己的价值与意愿，而遵循我们并不十分同意的死者的遗愿？是出于责任？是出于法律上的顾忌，还是出于来世报应的恐惧？昆德拉认为都不是，他认为我们之所以要坚持实践死者的遗愿——即使我们不能同意那些遗愿——是出于对死者的爱。他以十分动人的笔触描述了这样的爱。因为我们对死者与对他的记忆有着如是的珍爱，所以我们不但不能用过去式来描述他，更不能接受他已不存在，这爱使我们强烈地企图保有死者独立的人格，就好像他还活在我们的身边一样。如果死者还在我们身边的感觉是那样地真确，我们怎可能会要拂逆他的愿望？

但是崇拜哈代的科克雷尔、热爱肖邦的波兰人，或者把张爱玲当神的张迷，难道不正认为自己才是最爱死者的人吗？那爱驱使着他们将最高的荣耀加在死者的身上，也驱使着他们为死者建立永恒被礼敬的庙堂。所不同的是，这种爱并不是针对个人的具体之爱，而只是对那人所象征的价值的爱。也就像昆德拉所说的，那是一种灭绝了死者独立人格以建构象征的过程，在昆德拉的眼中，这无异于把死者当成废物处理，因为废物与符号象征都是没有生命或个别性的。

偶像崇拜所满足的常是崇拜者自己的需要，而不是被崇拜者的需要。

因此，我也很不能原谅一位丈夫不顾妻子再三的交代，而在丧礼上开棺让人瞻仰她的遗容。他说是为了让朋友有个与亡妻道别的机会，但她一生羞怯内向，这是她最不能容忍的一种暴露，所以会在生前交代丈夫千万不要有开棺瞻仰的仪式。在死去的妻子不能言语的情况下，丈夫为了其他现实的考量，而牺牲了妻子做过的最基本的要求，这是一种背叛，正因为这是妻子活着的时候，丈夫绝不可能会做的事。

但在《被背叛的遗嘱》一书中，昆德拉所谴责的，却并不只是在对"遗体"处理上的背叛，更重要的是显现在对"遗作"处理上的背叛。在昆德拉的价值体系中，这两者并无分别，出版死者遗稿、私人信件、删改中的手稿或是死者指示要销毁的文件等，和不遵照死者对葬仪的指示一样，都是对遗嘱的背叛。在这样的行为准则下，昆德拉用了大量的篇幅，严厉地批评了被卡夫卡学者视为英雄的布罗德（Max Brod）。昆德拉把布罗德视作一位最终极的、背叛遗嘱的人。

熟悉卡夫卡生平的人都知道，布罗德就是那位没有遵照卡夫卡嘱咐将其遗稿全部烧毁的人。布罗德不但没有烧毁卡夫卡留下的手稿，还从抽屉中挖掘出了所有卡夫卡写过的文字，包括私人信件与日记，一律付梓。对于喜爱卡夫卡作品的人而言，布罗德无疑是一名英雄，因为他抢救下了这些文学上的杰作。更也有人会认为布罗德才是卡夫卡真正的朋友，要不是因为他的"背叛"，卡夫卡也许早在文学史上销声匿迹。如此言说，好似卡夫卡还应该为自己迟来的身后之名而感激这位背叛者。

如果以文学史为着眼点，而牺牲卡夫卡个人的意愿，布罗德也许是有他的功劳与贡献的。但这贡献仍不足以为他开脱掉背叛的罪名，或稍改他行为中背叛的本质。在两种价值的冲突里，我们最多也只能说，布罗德为了文学而情愿负载背叛的罪名。虽然昆德拉也不得不承认布罗德没有付诸火炬的两篇长篇小说，的确是伟大的传世之作，但在喜爱这些作品之余，他仍毫不保留地指控布罗德为一背叛者。对昆德拉而言，布罗德的背叛并不只在于违逆了卡夫卡的信托，更重要的是，布罗德毫无鉴识而照单全收的出版方式，完全摧毁了卡夫卡一生所努力建构起的艺术视景。

布罗德是卡夫卡的挚友，也是他的知音。在卡夫卡文名未显、出版社都不愿出版他的作品的时候，布罗德独具慧眼，对卡夫卡佩服得五体投地，宣称自己爱恋着卡夫卡所写过的每一个字句。要这样一位崇拜者烧毁自己偶像的作品，当然不是容易的事，所以布罗德曾牵强地为自己的行为辩解，他说卡夫卡并不是真心要毁掉自己的作品；如果他是真心，那为何不在活着的时候自行销毁呢？这当然是一个极为可笑的说法，哪一位作者能预知自己的死亡将至，而及时毁掉未完之作？作家的一生是一个延续的创作与修改的过程，只有达到自己标准的作品，才能跳脱这个过程，付诸众人之眼。在不可能知道自己何时可能会死去的情况下，作家最恐惧的梦魇，就是在书写与修改一部作品的中途死去，那些未达理想的作品即将被暴露，就像卧室的窗帘突被撤去，使世界看见了衣衫不整的自己。虽然那些未完之作，在他人眼中可能已经是十分了不起的作品，但在作者自己的艺术视景中，它们尚不宜公开展现，仍是属于私有领域的对象。在自己不能掌控的情况下,作者也只能将之托付于最能信任之人,以确保它们与死者同归黑暗。把这些遗作抖现在世人面前,就如同把那不情愿的妻子的遗容,强展给众人观看。

布罗德如此做,当然是出于对卡夫卡的热爱,而问题也就正出于这种盲目而没有鉴识性的热爱。对卡夫卡的崇拜,使他觉得卡夫卡的只字词组都应被保留、被阅读、被传世。这是所有偶像崇拜都显现出的鉴赏能力的自动停滞。对此,昆德拉有如是的评注:"布罗德宣称自己有着对卡夫卡'狂热的崇敬',这种狂热渲染到了卡夫卡所写的每一个字句之上。卡夫卡的编者对卡夫卡所有碰触过的字句,也表现出了同样的'毫无保留的崇拜'。但是我们必须了解这种'毫无保留的崇拜'的含意:这种毫无保留的崇拜,同时也就是对作者美感诉求(aesthetic wish)毫无保留的否定。因为一位作者的美感诉求并不仅仅表现在他所写下的字句里,更表现在他所欲删除的字句里。删除要求着比书写更大的天分、素养以及创作力。所以,出版那些作者意欲删除的字句,就和删除作者意欲保留的字句一样,都同样是一种强奸的行为。"

由此,我想起了另一桩背叛遗嘱的事件。一生有出版洁癖的美国诗人毕晓普(Elizabeth Bishop,1911—1979),一生出版的诗作只有一百多首,她对自己作品的标准极高,有时一首诗要经过几近二十年的删改,才能达到她愿意出版的标准。去年,《纽约客》杂志诗刊编辑艾丽斯·奎恩(Alice Quinn),却收集了所有毕晓普未出版与未完成的遗作,而发行了一本绝对不可能获得毕晓普同意的诗集。(*Edgar Allan Poe & the Juke-Box: Uncollected Poems*, *Drafts and Fragments*, Farrar, Straus and Giroux, March 7, 2006)。这正是昆德拉所描写的、强行留下作者欲删去的字句的行为。在本质上与文字检查强行删除作者文句的行为是一样蛮横的。我们可以想象,毕晓普地下有知,将如何地在坟墓中翻转不安。

毕晓普遗作的出版,的确引起不少争议,支持它出版的人认为这些尚在进行的诗作,提供了一个了解毕晓普创作过程的契机,所以这些毕晓普自认为不尽完美的作品,仍有它们在文学上的价值。

真是如此吗?如昆德拉所说,出版那些作者意欲"删除"的作品,除了满足崇拜者猎奇与收藏的瘾癖之外,也只不过是能让学院里的研究者,或是图书馆里的文献专员,多一个理直气壮的研究项目。但不可原谅的是,这个过程——捡拾起作者意欲扬弃或未及修改完善的文字,将之出版,使之成为一位作者文学遗产的一部分——所伤及的却是艺术家集一生心力所要维护的美感诉求的完整。在《被背叛的遗嘱》一书中,昆德拉将卡夫卡自编的短篇小说集,与布罗德只字不漏(包括书信与日记)以编年方式出版的卡夫卡全集并列,前者处处闪烁着艺术家处心积虑的美感诉求,后者却毫艺术性可言,只是偶像崇拜不分轩轾地抓住作者每一字句的奴性编纂。

在新近出版的一本书《帘幕》(*The Curtain*, Harper Collins, 2006)里,昆德拉又再度回到这个话题,他提出"精要原则"(the ethic of the essential)作为文学(小说)创作的本质,也就是一种呈现事物最精要者的创作美学（在此昆德拉用了 ethic 这个字，顿然使美学的诉求有了道德的隐意），而与此相反的，则是企图包拢一切的档案原则（the ethic of the archive）：

> 作者的书信虽然有趣，但它们既不是杰作，且根本算不上是作品。"作品"（l'œuvre）并不是所有作者所写过的文字——笔记，日记，杂文。作品是长期努力于一美感工程的结果。
>
> 我要更进一步地说，"作品"是经过作者品判后所最终同意的产品……所有的小说家必须尽心删除属于次要者以保存最精要者，也就是所谓的"精要原则"！
>
> ……但是除了作者之外，我们还要面对成批的研究员，他们所依恃的是完全相反的原则，他们倾心累积所有能够找到的文字，以能够拥抱"整体"为其最终的目标。所谓"整体"就是包括堆积如山的草稿以及被作者删除的段落与剔除的章节，他们将这些文字全部出版在所谓的"研究版本"里……好像所有作者所曾写下的字句都有着同样的价值，也都是被作者所认可的。
>
> 于是，艺术家的精要原则，变成为无所不包的档案原则。（档案编纂员的理想，就是要让那甜蜜的平等律，在巨大庞然的坟堆中做制裁一切的统治者。）

"精要原则"是去芜存精的过程，像雕刻者的凿杆，剔除杂石以绽放原石的光润，"档案原则"则在精芜不分的搜罗过程里，以数量上的整体，侵蚀着质量与艺术上的完整。

而在近年对张爱玲的狂热里，我们所见到的不正是这"档案原则"的操作？只要是经张爱玲之手写过的文字，即便只是一张便条，或是商议出版事宜的流水账的信件，或是年节的小卡片，全在地毯式的搜索下，被归档出版。近日张的遗作《少年同学都不贱》被发掘，又在张学领域造成轰动，俨然像是另一部张爱玲的杰作出土。这当然只显现出了张迷照单全收的盲目膜拜，是昆德拉所说的"掏捡垃圾桶"的行径（不幸的是，我们却真曾有一位张迷将此比喻做了字面上的行为示范）。将《少年同学都不贱》这部如果换了作者名字只是一部非常平凡的小说与张爱玲其他的作品并列，除了满足张迷"收集"的癖好，以及张学研究员可以大做文章的机会之外，对张爱玲一生所营建出的艺术整体，到底是增加还是减少？更遑论这已被偶像崇拜搞得污浊的张爱玲的艺术视景，根本不是张爱玲自己想要留给后世的文学遗产了。

传记文学，文学传记
——从"海明威的中国之旅"谈起

二次大战期间，海明威曾经走访中国的"事件"，并没有在海明威的传记中占过太多的篇幅，原因很简单：中国之行并没有像一次大战时的意大利、或是内战时的西班牙那样，引发出海明威以战地为背景的两部重要小说，也没有像海明威所曾驻足过的非洲、古巴、加勒比海等地域，开启了那些有着独特异地情调的文学作品。不仅如此，中国之行甚至没有在海明威作品的文字间留下什么痕迹。唯一可以和这次行旅扯上一点关系的文字，只能在他死后才被出版的小说《河中之岛》(*Islands in the Stream*) 里找到。那是在小说中段"古巴"的章节里，主人公哈德逊（Thomas Hudson）在酒吧里与立尔(Lil) 对话，用叙述轶闻的口气描写了他曾到过的香港，他描写那里的山坡、海湾及鱼市，富人极富穷人极穷，还提到一位富翁朋友曾把三位美丽的中国女子当作礼物送到他旅馆的房间……这段叙述从 286 页到 295 页，一共也只有十页的篇幅。看来战时的中国，并没有为以写战争小说著名的海明威激起任何的灵感。从文学的角度考量，海明威的中国之行也就的确没有太大的意义了。

但是，海明威并不是一位"普通"的作家，他以"行动文人"的姿态遍游世界，出入战场，狩猎非洲，垂钓加勒比海，尽情颠覆着文人固有的苍白形象与沉思默想的生活方式，终将"海明威式"的写作姿态凝练为一个可被指认的符码，界定出一种亲身涉险的写作取向。海明威的文学作品与他的生命，因而出现了某种透明的对应，"传记式"的探索角度，亦在海明威的研究领域里多了一层合理性。我们几乎想说，海明威的生命与他文学作品是互相抄袭的正副本，人如其文，文如其人。加上海明威庞大的自我，与一生毫不羞怯的自我神化倾向，共同地营造着海明威传奇，使他的生命有了可比拟文学作品的同等魅力。在流行文化中，他的生命更笼罩了他的作品，对海明威生平津津乐道的人数，绝对超过对他作品埋首研读的人数。这个现象不仅表现于海明威传记的持续繁衍，也表现于海明威在流行文化中高涨的商业价码（比如他生平曾到之处，就成为以"文化"旅游为名目的促销项目）。当一位作家在大众意识中到达了如海明威这般的"图腾"（icon）地位时，他的生命事迹就蓄存起了超越他文学作品的价值。而他也就难逃"名流"在琐碎的八卦中被人消费的宿命。

海明威的生平事迹成为一项"资产"后，他曾到中国的史实，虽与文学作品无甚关系，也迟早要被"开发"。在现今多元化与全球化的氛围里，这位西方文学泰斗曾经到过东方的事迹，自然要被赋予前所未有的文化意义。无怪乎，2006年我们得见一本以此为题的书在西方出版（中文方面，厦门大学杨敬仁教授所著《海明威在中国》，早于1990年出版，摘自此书的段落，曾由郑凯梅英译，发表于美国2003年秋季的《北达科他季刊》[*North Dakota Quarterly*]）。这本书的作者是曾任香港《南华早报》的记者摩瑞拉（Peter Moreira），书名是《海明威在中国前线，他与葛尔红二次大战中的间谍任务》（*Hemingway on the China Front, His WWII Spy Mission with Martha Gellhorn*, Potomac Books, 2006）。除了耸人听闻的副标题有哗众取宠的嫌疑之外，此书对海明威为期一百天的中国之旅，做了日志式的详尽报道，编纂出一清晰有序的叙述，填补了这段历史的空白，可以算是一本称职的传记文学。

其实，有关海明威的中国之旅，西方并不是没有人写过。与海明威同行的第三任妻子葛尔红在1978年曾出版过《我与自己及另一伴侣的行旅》（*Travels with Myself and Another*），那本书的第二章"马先生的老虎"（Mr. Ma's Tiger）所记录的就是这趟行程。题目中这位马先生是海明威与葛尔红参观广东第七军区时的翻译，他是两人对外的唯一管道，但这位热情有余能力不足的马先生，却不能在语言上为这两人做太多的服务，他翻译的句子中充满了"那个什么什么"（whatchumacallit）的不确定。比如问："那是什么树？"答："普通的树"。问："那船运的是什么？"答："货物。"至于那只"马先生的老虎"，指的却是另一段令人哭笑不得的对话。面对一座秃山，马先生被问及为何该地没有草木生长。马先生答道，为了防止老虎前来吃草吃树，村民决定烧山。这只吃素的老虎就成了"马先生的老虎"，也成为海明威及葛尔红之间的私有笑话。马先生的真名其实是夏晋熊。杨敬仁教授的书中收有对他的访问。对于自己成了葛尔红的文题，夏先生一无所知，倒是对海明威存有非常良好的记忆。

《我与自己及另一伴侣的行旅》写于葛尔红的晚年，她细数自己一生所经历过的"恐怖之旅"，并将和海明威同行的中国之旅，列为首位。在时间的冲洗下（那时海明威去世已将近二十年），葛尔红终能用十分风趣且不乏自嘲的口气，叙述出三十多年前的这段旅程，精彩地描写了旅途上阴错阳差的惨烈。我个人认为葛尔红这篇节奏快速且充满机智的文字，应登入旅行文学的经典之作。摩瑞拉的书大量取材葛尔红，只在葛文的骨干上加入当时报章杂志的报道，以及新近公开的一些档案资料，而铺叙成此书。摩瑞拉不但根据葛尔红的文章重建了行程的日期，也从葛文中收录了所有令人难忘的细节，比如两人在广东前线的韶关及北江第七军区采访时所遭遇的种种令人啼笑皆非的场景，都是直接来自葛尔红的文章。所以摩瑞拉这本书基本上是将葛尔红个人风格十分强烈的叙述文字，压扁铺平，注入诸般"客观化"元素，而将一本以第一人称叙事的回忆录，转化成为一部似有全知叙述角度的人物传记。

但是本书最引人注意的，当然还是它的副题。"间谍任务"？这像号外标题的告示，有着《苹果日报》宣扬丑闻的语气，虽然藏在副题里，仍有震惊与吊人胃口的效果。不幸的是，读完全书，我们却发现这"间谍任务"的宣称，原来是如此的薄弱！不过是用来包装温吞情节的广告词罢了。但也因为宣传与实情间的差距，使人不免对作者的诚恳大打折扣，伤及了一本踏实传记的完整,我觉得是十分可惜的事。

这"间谍"的头衔,当然并非无中生有。"间谍"的定义如果是"受一政府之托,收集有关另一政府之信息",那么海明威的中国之行,确实有着这样的功能,但令人心生疑虑的,是作者使用"间谍"定义的最底线,却意图唤起"间谍"最高度的浪漫形象,他所玩弄的,是两者间所容许的最大自由空隙。以此副题,作者想撩拨的当然是滥情的对詹姆斯·邦德的联想。用在一生涉险的海明威身上,人们更要期望某种样式的危险与刺激。但在实际情况里,海明威所被托付的"间谍"任务,无关秘密、情报、监听、斗智或是暗杀,却只不过是在十足的官僚体系里做一个小小的观察员。

说来海明威到中国的最初目的,只是为做一名"随行配偶"。他的新婚妻子葛尔红受《考利叶》(*Collier's*)杂志的聘请,前往中国采访中日战事。海明威力阻她成行不果,最后却被劝服随行,既然要随妻同行,海明威也方便地从《PM》杂志要到了一纸合约,为该出版物写几篇中国报道,行前他又与国家财政部部长的助理怀特(Henry Dexter White)有过一次会面(海明威在政治上的管道是受裙带关系所赐,罗斯福总统夫人爱莲诺 [Eleanor Roosevelt] 是葛尔红母亲的大学好友,葛尔红终生与她有着极为亲密的关系,时时出入白宫,甚至常在政策上对总统夫人建言)。这次会面就成为了摩瑞拉指称海明威是间谍的根据了。怀特希望海明威在中国期间,能为财政部观察国共两党的互动、美援被国民党支用的情况以及滇缅公路的交通状况。所谓的"间谍"任务,也就只有这些项目,完全无关情报采集或秘密组织，而只是一种不动声色的观察活动，其本质与战地记者并没有太大的不同。"间谍任务"最后交差的作业，则是一封写给财政部长摩根绍尔（Henry Morgenthau）的信，在这信中，海明威本着他与蒋介石及周恩来在重庆的会面，而提出了对国共关系及中国内战趋势的分析。这篇分析虽然展现了海明威对政治情况的敏锐直觉，但信中却也并无任何机密信息，只有蒋介石愤愤数落共产党的长篇讲话。

所以在这耸人听闻的副标题后面，也只不过是个十分反高潮的陈述。整个事件中稍有一点"谍海疑云"氛围的，却是与海明威接触的怀特，后来竟被发现是前苏联的间谍，海明威也因此而间接沾染上了一点谍报的光环！

我无意以犬儒的心态指控摩瑞拉利用书名促销。他也许只是想使读者注意到海明威与怀特会面的这项新资料，或者想显示他的书与葛尔红文章的不同。当然更可能的是，他想为海明威的传奇添加上一层神秘的色彩（海明威自己当然会迫不及待地拥抱间谍这个头衔），在海明威阳刚的战争、斗牛、狩猎、深海渔钓等探险活动之外，摩瑞拉想为他再加上最为铤而走险的间谍一项。

追根究底，海明威的中国之行的确是一桩"非事件"，也就是说它不见得曾在文学或政治历史的网络里留下任何有意义的余音。但在海明威传奇的长影里，"望文生义"或将"非事件"转变为"重大事件"的诱惑却强得叫人难以抗拒。因此，在本书中，摩瑞拉欲赋予海明威中国之旅以重大意义的企图，也就不仅只表现在这耸动的间谍副标题上。他同时亦努力想将这个旅程投影到海明威的创作生涯里，既然在文字里找不到，只好在意义的解读上去找。比如他列举文学教授窦尔（A.S. Knowles）对海明威作品的解读，而认为海明威二次大战以后的作品有着明显风格上的改变，原因是海明威曾先后告诉麦孔·考立（Malcolm Cowley）以及哈威·布雷（Harvey Breit）两人，中国之旅使他克服了对死亡的恐惧（与海明威已交恶的葛尔红，将此斥之为海明威一贯的吹牛与夸大）。这当然是一种想提升中国之行重要性的企图。问题是要联结起中国之行、克服死亡以及这心理状态对后期作品的影响，就算能有完备的论证，到底仍是建立在主观的假设之上，在有机的文本以外找寻外在诠释的文学解析，本就是文学批评里最为危险与滑溜的取向，所可能产生的谬误，也早已被反对传记取向的文学理论讲述清楚，不必在此赘述。此外，摩瑞拉甚至以海明威在这桩"间谍"任务中所表现的敏锐政治本能为根据，而"证明"《战地钟声》是一本政治性十足的小说。《战地钟声》完成于中国之行前，如果海明威的政治才能使他写成了那部优异的小说，那也应该是和中国之行无关的吧！

其实摩瑞拉勉力地将海明威中国之行框架在文学观照中的努力——也就是将一本自足的传记文学，转化为能在文学领域中发出回响的文学传记——实是没有必要的。即使撇开文学的参照，海明威中国之行的记录，无论被阅读成一部不寻常的旅行记游，或是一部了解战时中国的微型历史，或是一部上世纪东西文化间尝试性的初探，都有它自身的趣味与意义。牵强附会地为这旅程加上并不真正存在的意义，反而剥夺了单纯叙述里的趣味。如此看来，葛尔红那天真自然且不以文学传记为悬念的叙述，反而有了更多的文学优质。摩瑞拉曾在书的序中指出葛尔红回忆录的不足，并批评她未诚实地公布自己有欠理想的作为（也就是在后来的报道中没有批评她心底所痛恨的国民党）。为要维护自己这本书存在的必要性，摩瑞拉当然必须批评其他书籍的不足。但在指责一本回忆录有欠公正完整时，摩瑞拉却似乎犯下了混淆文类的错误。回忆录因为是出于一人的视角，按照定义本就应是主观狭窄的。我们阅读回忆录，并不在追求一种宏观，而是为了亲切的趣味，就算那种视角可能是偏执的。在葛尔红真率又充满自嘲的机智叙述中，那位企图良好却力不从心的马先生，如闻其声地活现在我们面前，而不断调侃她的海明威，表面看来残酷，却也时能显现慷慨。这样的海明威无关文学，也不必是那位写出种种名著的大作家。葛尔红对海明威的写像，也许无助于我们了解他的文学作品，却让我们看到了他作品中一再描写的"困境中的优雅"（grace under pressure）的具体显现。这是葛尔红文字的诚实所在。因为甘于停泊在个人层面而不做文学参照的夸口，她反而给了我们一段较为真实的、对那旅程的记录。

以作家的传记来解析文学作品的取向，早在上一世纪新批评兴起时就被斥为谬误。在文学理论敌视作家传记的传统里，阅读作家传记的欲望却常在，也不必然就是偷窥心理或是偶像崇拜的表征。传记与八卦之间当有极大的分野，好的传记仍能与想象文学分庭抗礼，而成为阅读的大宗（在目前的出版市场里，它对读者的吸引力，更已超越了想象文学）。尽管严峻的文学理论家想把作者的生命逐出纯文学的理想国,像罗兰·巴特(Roland Barthes)等文学理论家也一再宣布着作者的死刑,读者对作者生命的兴趣却永远拒绝死去。

假作真时真亦假

《魔鬼诗歌》(*Satanic Verses*)一书在上世纪所引起的风波，在当时是史无前例的。此事虽然已为陈迹，作者萨尔曼·拉什迪（Salman Rushdie）也已渐为人所淡忘，然而从今日回头看去，"魔鬼诗歌"事件则像是浮游在时间长河里的一枚警铃，遥向下一个世纪发出示警的声响。回教与西方在此方面的冲突，有增无减，因语言及著作触犯原教主义回教徒而受死亡威胁的事件，更层出不穷。最近又有一名英国教师因把玩具熊叫做穆罕默德，而面对了和拉什迪一样的命运。

拉什迪出生于印度庞贝，成长于回教家庭，曾居伦敦，后移居纽约，是英语世界的重要作者。《魔鬼诗歌》出版前，拉什迪已获若干文学大奖，但却要到此事件爆发，才声名大噪。事件最先爆发于印度，当地的回教徒深觉《魔鬼诗歌》一书有意污蔑回教始祖穆罕默德，并否定可兰经的神圣性。愤怒之火不久就燃遍了伊斯兰世界，伊朗领袖霍梅尼将拉什迪判处死刑，呼吁举世回教徒追杀拉什迪，并宣称杀他者必可入天堂。顿时杀手四出，拉什迪立刻潜入地下由英国安全人员日夜守护。英国政府抗议无效，与伊朗互唤回两国驻使。在美国，由于恐怖分子的威胁，出版该书的公司，也曾进入紧张状态，为了顾及员工安全，还曾关闭数日。而几家大的连锁书店，也曾下令各分店，将《魔鬼诗歌》拿下橱窗，甚至预备停止销售该书。

在数年险象环生的紧张情况后，事情终于淡出，原作者安然无事，却仍有两名翻译该书的作家惨遭杀身之祸。

"魔鬼诗歌"事件虽已淡化，但它所彰显的文化冲突，至今非但未解，反有升高之势，其所激起的情感，亦从对一名作者的死亡威胁，提升到了各样杀伤无辜的恐怖行为。升天堂的奖励，不只招募到了那些"魔鬼诗歌"事件中的杀手，如今更招募到了一群不惜以炸死自己来从事破坏的"义士"。而"魔鬼诗歌"事件冲突的核心——也就是言论自由的概念——也直指出了西方与回教世界在基本价值观上的巨大差距。

在西方民主世界里，言论自由权受着无条件的保护，即使那言论可能伤及他人。而被侵犯的个人，除了本着文明社会所培育的素养尽量包涵之外，最多也只能动用同样的言论自由权而加以口诛笔伐。基本的规则是动口不动手，口诛与笔伐都在民主社会的包容之内，但动枪动刀则违反了民主社会的法治。言论自由权是西方民主政体誓死保卫的基本人权。所以当时的英国政府虽然对拉什迪十分感冒（因为他的著作中不断有着对当时撒切尔政府的批评与讽刺），也要为他大张旗鼓，不但与伊朗断了交，还派安全人员日夜守护这位政府的批评者。

然而这种言论自由的尺度并不被全世界所采用。在某些社会中，个人的地位是在社会、国家或宗教之下，而个人存在的意义则是建立在对更大体系的维护上。在回教世界中，宗教就是这个更大的体系，所以人人愿意为之生死以赴。要求这样的社会了解并实践西方社会所命定的言论自由权，是绝不公平，也绝无可能的。

"魔鬼诗歌"事件展露了两种文化在这方面的冲突。除了两方能对彼此的价值观做严正诚实的考察及了解外，没有其他解决的途径。西方世界在维护基本人权之余，也应从另一种文化的角度来审视整个事件，不必优越地将一切归咎于回教世界的落后与不开放。因写一本书而遭杀身之罪，对于西方世界固然不可思议，但为逞口舌之快而污蔑神明，也不容于回教世界。各种文化现象的后面都有它悠远与复杂的因素，比较异同而不计较孰优孰劣，才是有建设性的方针。

然而除了"基本人权"、"文化异同"、"个人与社会"等课题外，"魔鬼诗歌"事件同时还彰显了另一个不是十分明显、却更有深意的课题，那就是文学作品的真实与虚幻的问题。《魔鬼诗歌》是以虚构为基础的小说体制，更为这事件增加出了另一向度的讨论空间。因为《魔鬼诗歌》如果是一本写实作品——是有关回教与穆罕默德的新闻报道、哲学论述或历史陈述，那么它所引起的风波尚可理解。因为不论是否该当死罪，作者至少有着明确"批判"回教与穆罕默德的意图。写实文体意味着文本所描述者，均为真实事件、真实信仰或真实理念。但是，一部我们所谓"怡情悦性"或"姑妄言之"的小说，却引起了这样巨大的震荡，我们不免要问，作者应负何种程度的责任？或从另一个角度看，读者又该负何种程度的责任？是作者错写了，抑或是读者错读了？这些问题可被归结到一个更基本的问题，亦即对小说的真实或虚幻的衡量与界定。

我们常用"似真性"作为评判小说的标准，因而特别看重小说的"写实精神"。似乎一部小说要成功，它的人物与事件必须有"真实性"，亦即小说中所描写的经验必得应验于现实生活。由此出发，考证小说中的人物与现实人物之间的对应，也成了读者普遍都有的兴趣。由古至今，有多少穿凿附会的文字，是企图找出小说人物的来源。阅读我们认识的小说家的作品时，我们不也是惶惶惑惑地找寻自己或其他共识朋友的影子？不胜其扰的小说家，不也再三在书前申明"本书人物、事件均属虚构，如有雷同，纯属巧合"？此处的吊诡现象是：我们一方面承认小说是一门创作艺术（因而承认虚构是小说的本质），另一方面却强烈地期望小说所记录的是日日发生的真实事件。

柏拉图决定把诗人（文学家）赶出他的理想国时，就已认定了文学家的角色只在描摹现实。因而文学作品只是现实的影子，不若现实本身纯粹，不配进入理想国。一个画家所画的苹果，自然不如真的苹果真实与纯粹。千年之后，历经了象征主义、超现实主义、存在主义及各种其他主义，我们自可对柏老宣称，画家所画的并不单是那只苹果，而是他对苹果的诠释与"苹果的精神"，故而不一定要屈居次位。

其实柏拉图的学生亚里士多德已把文学由"描摹"的角色中解放出来。在《诗学》中，亚里士多德承认文学作品有其独立的内在生命，并不必要依附现实存在。他进而说，文学作品的好坏并不决定于其所描述是否能印证于现实世界，而在于作品中的起承转合，与其内在的合理性与逻辑性。尽管一部作品所描述的事件，绝无发生的可能性，只要作者言之成理，脉络分明，仍可算是一部好的作品。

亚里士多德的理论，为文学家提示了"描摹现实"之外的另一条光明大路。但如果小说只是结构严谨的虚幻，与生命全然无关，又如何满足读者强烈"求真"的需要？小说家虽不必刻刻板板地在人物、文字与对话上写实，却仍必须在精神上写实。换句话说，不管小说所用的素材为何，它仍必须呈现一种"真象"——也就是人类真实的处境。"真实"和"事实"的分野，在于"事实"是指"曾经"发生的事件，而"真实"则指有"可能"发生的事件。历史学家的责任在记载与分析"事实"，文学家的责任则在刻画"真实"。昆德拉就曾说，小说不在描摹现实人生，而是在呈现人类处境的各种"可能性"。以卡夫卡为例，他小说中的事件没有一件是可以印证于现实的：《变形记》中的主角一觉醒来成了一只大甲虫，《审判》的主角自始至终不知自己所犯何罪。然而卡夫卡小说中所呈现的"真象"则是强有力的。有什么其他的描写比一只大甲虫的意象更能"真实地"刻画现代人意识与形体间的龃龉？或比《审判》一书更能描写出现代人在复杂的官僚政治体系下的困惑与无所依从？

许多读者却宁拘泥于"事实"而不见"真象"。曹雪芹在写《红楼梦》时，是否也怕《红楼梦》只被读者当成一本自传或爱情故事,因而刻意创造了太虚幻境及宝玉与黛玉的前身,企图引起读者追求多层寓意的兴趣?然而数百年来,读者仍锲而不舍地在曹雪芹生平故事中找寻黛玉与宝钗的影子。

小说家的工作既在呈现"真象",则他所写的人物、事件,不管是取自现实,或是虚构,都只是为呈现真象的媒介,就如画家使用的线条与颜料。而读者是否看得到线条与颜料之后的真相,则在个人的智慧与学养了。每一位读者所见的真相也不见得相同,一部小说亦就有多种读法。这是读者与作品之间的关系,作者无法控制,自也不需负责。拘泥于故事中的情节,而以为那是"唯一"与"正确"的读法,或一厢情愿地自认知晓作者本来的"意图",那只是读者自身的傲慢了。

如此看来,"魔鬼诗歌"事件又是一个读者只求"真事"不探讨"真象"的例子了。虽然《魔鬼诗歌》一书以超现实的手法写成,全书如同梦呓,但这种技巧仍挡不住"实事求是"的读者群,一手捧着小说,一手捧着《穆罕默德传》,做一对一的求证。且不论《魔鬼诗歌》在文学艺术上的成败,但其所引发的事件,却显示着读者对小说艺术的漠视,以及对小说创作自主权的否定。

拘泥于文字的"真实",也并不只限于小说的阅读上。现今多少宗教上的纷争,亦因信徒拒绝跨越文义,去寻找经典中更深的宗教与象征的意义。这是否也是二十一世纪精神生活危机的另一显像?

脱下理性的雨衣

有人认为宗教的信仰禁不起理性的检查,甚至可能蒙蔽理性,因而指出信仰与理性是在长绳两端做着永恒拔河的对手,或是两名对弈的棋手,下着一场无法有结果的棋局。其实,与其说理性与信仰是要一拼胜负的对手,不如说它们是在一场跨国合作计划中操纵着不同语言与功能的同僚。

哲学史上有"理性的丑闻"(the scandal of reason)这个词句,所谓"理性的丑闻",指的就是理性的不足与尴尬,它指涉着心智对某些议题不得不思索,却又没有能力得到确定或可被证实的答案。比如面对"神的存在"与"灵魂不灭"这样的议题,理性永远无法为我们提出完美的答案。理性虽然无法证实神的存在,但却也不能证实神的不存在。仅靠理性,我们无法毫无疑问地说神是存在的,同时,我们却也无法斩钉截铁地说神是不存在的。

康德称这类"不可知"的议题为"终极问题",并针对"理性的丑闻"而将人的心智做出了某种区分,他把处理知识与处理终极问题,分派给不同的心智机制。理性(康德称为知性）处理的是可被分析与验证的知识问题，它能给予我们"了解"。而处理"终极问题"的却是如信仰这种另一类的心智机能，它所给予我们的却是"意义"。

宗教所面对的是终极问题，而不是知识的问题，所以不在理性的处理范围之内。换句话说，宗教所追求的不是"了解"，而是"意义"。所以能给予我们了解却不能给予我们意义的理性，在宗教中并无太大的用处。理性不能处理宗教提出的问题，而能以理性处理的问题，也不再属于宗教的范畴，而落入了知识的领域。比如，上古时代由于知识的欠缺，而将诸般宇宙现象诉之于神，随着理性介入增加了解后，这些就落入了知识的范畴，而不再是宗教。同样的，任何像二加二等于四这样能被理性验证的议题，也就根本不是宗教所要探索的。

然而在知识的边界之外，仍然有着关乎意义的终极问题，不能被理性或知识回答。比如，科学应用理性从事分析与证明，扩展了我们对宇宙的"了解"，但却不能告诉我们宇宙的"意义"。知识回答了"什么"（what）与"如何"（how）的问题，却永远无法回答"为什么"（why）的问题。物理学家能仔细地告诉我们宇宙的形成与如何发生，却不能告诉我们万事万物"为何"是如此运转生成。生物学家可以画出基因的图表，甚至可以用细胞制造新的生命，但他们依然不能告诉我们生命"为何"存在。

宗教是对意义的追索，宗旨不在了解。知识追求着对宇宙的了解，却无法提供意义。两者各自满足着人类不同的诉求。以其一统领另一的竞争，不但没有意义，更犯了范畴上的错误。启蒙运动发生的十八世纪之前，宗教有着较强的势力，所以对于不合教义的科学予以打压，伽利略就是其中的受害者。然而在科技发达的现代，我们却有着相反的以科学验证宗教的倾向。比如一些自以为"先进"的宗教人士，就努力宣扬他们所信仰的宗教是如何地符合"科学"，好像这样的论证可以抬高他们宗教的地位，或使他们的宗教更为可信。其实，任何能用科学（理性）解释与印证者，就已不再是宗教了。比如说，热切的教徒收集现代气象的新知，而证明红海在低潮时确实可以容许逃亡的犹太人在上行走，但却会使追赶的埃及马车陷入海底，他们用此证据说明《圣经》里的"出埃及记"是十分合乎科学的。然而一则红海涨潮退潮的科学知识，如何激起宗教的情操？这样的验证，除了只是一则关乎自然现象的观察之外，完全抹杀了神迹的意义。宣称《圣经》的叙述符合科学的说法，或是坚持创造论应与进化论平起平坐地被包括在科学课程之内的决策，不但没有抬高宗教的地位，却反强将宗教隶属在科学之下，使之成为了一则必以理性辩证才能存在的知识命题。

　　对宗教的"思索"与"信仰"，却又是完全不相同的两件事。前者是哲学的思考活动，后者却依据着情感成分多于理性的"信心"。哲学家可以倾注一生反思那些终极问题，但他未必会成为一位宗教上的信徒。一位熟读圣经、佛经或是可兰经的人，只是有着丰富的宗教知识，却不见得能够成为信徒。要成为宗教上的信徒，必有十分个人化与感情化的"信心"，也就是齐克果所说的"信心的跳跃"（leap of faith）。这种信心使人在面对理性与知识无法解释的情况时,全盘地拥抱教义,自信且无惧地从可知的崖壁跳入那不可知的深渊。这种激情不是理性可以导证得出,更不是理性所能允许的。如果要在普遍的经验中找寻对比,坠入爱河的不顾一切与不明所以,可能反是比较接近的一种情愫。

所以那些以"非理性"来批评宗教的人,和那些想以理性印证宗教的人一样,都犯了范畴错置的过失。宗教在理性之外操作,所满足的亦是人类理性以外的诉求,宗教不能以理性做诘责的尺度,因为它不是理性的,也不是非理性的。它完全建立在理性之外的另一种经验之上。

因此,我们若将圣灵比成一场雨,要进入宗教的国度,理性可能就是那件应被放在门外的雨衣。也只有暂弃理性的质疑,我们才有被圣灵之雨淋透的可能。

斗牛士

任教于普林斯顿大学哲学系的法兰克福教授（Harry G. Frankfurt），于2005年出版了一本只有六十多页的小书，这书有个十分令人侧目的题目："On Bullshit"（大陆中译本《论扯淡》）。出人意料的是，这本"哲学论述"大为畅销，并被译成二十五种不同的文字，成为出版史上的一个异象。它那哲学内涵与行销记录，与常理不符，它瘦小且无法在书架上站立的体形所引进的畅销金额，以页数为单位计算利润，必已创下某种史无前例的记录。

"Bullshit"虽然日日被使用，却终究是一个脏字（所以当我在图书馆中借出这本书时，我敏感地看到馆员嘴边那一抹不怀好意的讪笑）。至少，这字是不能在公共电台里播放的，偶尔出现，也规定要被人造的哔哔之声洗去，若在报章杂志中刊登（如我以下所引的《纽约时报周刊》），则必要改印为"bull****"（删去四个字母），在口语中非讲它不可时，文雅一点的人就说 B. S.。中文里与它意思最为接近的有两个表达，一是"吹牛"，一是"放屁"。两者各有其在翻译上的长处，前者与原文碰巧都有"牛"意，能给译者一种惊喜，但它却太过于雅致，在精神上没有后者与原文较为接近的粗野与淋漓；且又不像后者，涵括了原文中有关消化器官排除废物的指涉。可惜的是"吹牛"与"放屁"两者都是动词，与作为"bull****"的名词在用法上不能完全切合；（英文中强把bull****作为动词用时，必要转化为分词，如"Are you bull****ing me？"）。因此，我们说一本书或一句话充满了"bull****"时，不能说它充满了放屁或吹牛。要转化为中文里的名词，"bull****"的直译应是"牛粪"，但牛粪在中文里所指的仿佛是另一种不自量力的僭越，却无关言辞上的不逊。也许是不同文化对不同动物的偏见，英文中的"牛粪"似乎比较接近中文里的"狗屁"。

在斟酌这个词的妥当中译时，我在网上查到台湾已有这本书的中译本，是由南方朔先生译成，题目就叫《放屁！》。果然是痛快淋漓的译笔！但这火辣辣且十分过瘾的戏剧性手势，却可能牺牲了原书哲学冷静挂帅的反讽意境。也许译成《论放屁》，把"论"这么个高眉与堂皇的字眼与"放屁"并用，才更能点出原作者以严肃的哲学方法解析放屁症候的初衷。

"On Bullshit"一书脱胎于一篇文章，原文发表于由洛格斯大学（Rugers University）出版的"Raritan"杂志上(1986)，主旨在探讨现今社会何以史无前例地充斥着言不由衷的鬼扯，所谓的狗屁横流。文中，作者以哲学的辩证方式，开宗明义地区别了"放屁"与"说谎"之间的分野。"说谎"的人虽然歪曲真理，但他说假话时，心里却知道真理为何，而开口就"放屁"的人,却对真理有着全然的冷漠,他们并不在乎何者是真,何者是假,他们所放发出的狗屁言辞,目的全在操纵听众或读者,并以取得自身的利益为依归,这些利益包括了政治的权势,商业的利润,或是学院里的地位及迁升,因此与"说谎"者相比,"放屁"者反而是真理更大的敌人。至于狗屁横流的现象何以会在现今社会中如此昌盛,法兰克福教授将之归罪于兴起于上世纪末的后现代理论,后现代主义否定客观真实的存在,而以解构的方式用一己的角度诠释世界。此外,现代社会亦提供着种种制造狗屁的文化氛围,在政治、社会与学术的格局里,人们常被要求一抒己见,因此不管他们对所讨论的话题有无研究心得,也必要演绎一番,为维护私己的颜面与地位,他们就必然要假作权威,之乎者也一大顿,平添出大量与真理挂搭不上的狗屁。

继"On Bullshit"一书的成功后,法兰克福教授再接再厉,新近出版了另一同样短小的姊妹作"On Truth"(中译本《论真实》),此书特别集中火力,对学术界的摆谱,尤其是后现代理论所衍生的各种空无内容却洋洋洒洒的厥词予以痛击。十月底《纽约时报周刊》有一篇对他的专访,人如其文,法兰克福教授在访谈中精锐简短地作答,毫无废言,由于太过精彩,我不得不大量将访谈内容摘录于下:

问:你写的"On Bullshit"这本书在去年意外地成为了一本畅销书。

答:什么叫意外?难道买书的人不知道他们买的是什么书吗?

问：你一共卖了几本？

答：四十多万本。译成了二十五种语言，包括克罗地亚文、韩文这些不是欧语系的语言。

问：葡萄牙文的书名是"Sobre Fala Merda"，意大利文是"Stronzate"，法文是"De l'Art de Dire des Conneries"。这些是你原来的意思吗？

答：这书被译成的语言中，有许多并没有与"Bull****"相当的词，这使我觉得非常困惑。

问：你觉得如果这本书的题目不是那么引人侧目，比方说叫《论说谎》，它会卖得那么好吗？

答：当然这书名的颠覆性与它的成功有点关系。但从我所得的反应看来，还有别的因素存在。这个国家显然有着某种对真理的饥渴。

问：在你的新书里，你对学院派及他们各种后现代主义的理论挞伐尤烈。后现代主义将所有的真理视为人的建构而不是独立存在的现实。

答：我在耶鲁大学教过书。耶鲁大学一度是后现代文学理论的中心，德里达（Derrida）在那里，德曼（Paul de Man）也在那里。"On Bullshit"那篇文章最初也是在耶鲁写成的，有一位物理系教授告诉我，这是非常合宜的，那文章非在耶鲁写成不可，因为耶鲁是全世界的放屁大本营。

问：与学术界相比，政治界及娱乐界难道不是存在着更多的狗屁？

答：希望如此！

问：那你还在教授的哲学界呢？

答：哲学界也有相当多的狗屁。很多人强要假装自己有重要的理论，于是制造出一些无法穿透的语言来掩饰其中并无大义的真相。

问：你认为什么是追求真理的必要条件？

答：辨识真理要求无私。你必须把自己置身事外，以期发现事物真正的运作方式，而不是事物在你看来如何，或是你对它们的感受，或是你想要它们成为的样子。

…………

问：让我们再来谈谈你的新书。这本书为什么这么短？只有一百零一页。

答：嗯，"On Bullshit"更短。我喜欢这样。

问：因为短书较不容易装得下学院的狗屁？

答：我认为短书可能也有很多狗屁，但是一本长书几乎必然有着很多的狗屁。

身份与认同的政治

非裔篮球明星"神奇"强生（Magic Johnson）在2008年民主党提名竞选中，决定支持希拉里，因此经常要面这样的质问："你为什么不支持同是非裔的奥巴马？"这鲁莽的问题暗藏着极为严重的种族歧视情结，因为它假设着少数族裔不能有个别行动的空间，"必须"支持"同族"里的候选人。换句话说，主流社会的人，可以在政治上做出属于个人的判断与决定，少数族裔却只能做群体思考。这是对个人独立的污蔑，也是所有偏见的根源。

以"身份认同"挂帅的政治思考方式（identity politics），并不仅限于种族的范畴，而泛滥到了所有"界定"少数族群的参数，性别就是其一。2008年美国大选中，我们第一次有了强势的女性与少数族裔的候选人，"身份与认同"的政治就更被搬上台面，而展开了各样的变奏。

非裔女性名主持人欧普拉（Oprah Winfrey）决定支持奥巴马，虽然做到了"忠于族群"的要求，却引起了另一组"少数"族群——女性——的围剿。有人先说她支持奥巴马是玩种族牌（但不支持则又是背叛），后又有大批支持希拉里的女性观众在欧普拉的网站上，对她展开叫骂，说她长久受女性观众支持，却在节骨眼上背叛女性，不支持第一位女性总统候选人，反支持她的敌手。

欧普拉这种有"双重少数"身份的人所面临的，就正是认同政治的难堪与不合理。不管当事人做如何的选择，都将受到另一族群的批评。然而，强将选民以"群体"归类，并以此派定他们所"应有"的政治立场，不但是最违反民主的思维方式，在本质上，亦是一种变相的种族歧视与性别歧视。"歧视"与"偏见"最基本的定义，就是漠视个体与个性的存在，而对一组人强加以"先设"的行为模式，比如认为非裔"都是"如此，亚裔"全是"这样，拉丁裔"一定"那样等等，这种"先设"的基底，虽然通常是从主流族裔的视角与判断出发，但不幸的是，少数族裔有时却比主流社会，更易陷入"认同"政治的泥沼。他们所显现的，也许不是主流社会的傲慢态度，但却是同样偏颇的"少数人翻身"的革命情操。比如那群向欧普拉大肆抗议的女性，她们的愤怒，就是针对欧普拉不为成就第一位女总统的事业尽心。同样的，非裔社区里亦有人谴责那些不支持奥巴马的非裔选民奴性未消，竟去支持白人。少数族群在希望与自己"同类"的候选人能当选的急切中，不自觉地也陷入了"认同政治"的迷思，而认为有同样身份的候选人，必定有着最利于此一族群的政策，他们笼统地认为女性候选人必定最能维护女性权益，非裔候选人也必定最能维护非裔的权益。

少数族群的候选人，虽因亲身经历过社会的偏见与不公义,而必有独特的视角,但仅以身份认同来评估一位政治家在政策上的优劣,终究仍是一种谬误。它使我们盲目于其他的可能:比如,奥巴马虽不是女性,却可能在维护女权上,提出比希拉里更有效的政策;而不是非裔的希拉里,又未尝不能在非裔民权的争取上,比奥巴马更有绩效?

"身份认同政治"不仅使我们目光窄浅,亦使我们对候选人行为评断采取不一致的双重标准。出自不同族群候选人的同一行为,可在选民意识中,产生完全不同的反应。希拉里在新罕布什尔因一时哽咽而大获同情选票,莫斯基(Edmund Muskie)却在1972年因掉眼泪而输了党内提名。男人掉眼泪是懦弱,女人掉眼泪则是真情流露。此外,在今年民主党初选的选战中,爱德华兹(John Edwards)对社会贫富不均所表现出的愤怒,如果转移到奥巴马身上,就将有全然不同的效果。愤怒的黑人,使人立即想到革命与黑豹党。一名为社会不公义而愤怒的白人男子,引人崇敬,而一名愤怒的黑人男子,不论使他愤怒的理由为何,都将使人恐惧难安。

所以,希拉里与奥巴马虽然一再强调,希望被当成独立的个人看待,而不只是"女性",或"少数人种"。但在这"身份认同"无孔不入的政治氛围里,再有理想的政治家,也很难真正超越种族与性别在政治上的隐意,更难不受"种族牌"与"性别牌"这类政治伎俩的骚扰。

买一送一与二对一

美国前总统克林顿1992年参选时,时时要为自己那位有争议性的妻子辩护,希拉里拒做传统的配偶,不但时出惊人之语,亦有自己强烈的政治立场。当时克林顿打出"买一送一"的口号,企图说服选民,这位锐利明快的老婆,不但不是政治累赘,还是政治资产,他若能入主白宫,选民得到的不止一个、而是两个聪明绝顶的脑袋。

十六年后,轮到希拉里出马选总统。那个"买一送一"的广告,似乎仍然有它的效应。不少支持希拉里的人,明白表示支持她的原因,就是希望再把比尔送回白宫,做那宪法所不容许的第三任期。希拉里虽然有着优异的政治能力,也有独立于丈夫之外的参议员生涯,但不可否认的是,不论在募款机制或党内组织,她的竞选力,大部分是来自丈夫厚实的后台。

然而在党内提名的选战中,比尔却不再只是后台,更跑到了前台,十分令人瞩目地为老婆公开助选。比尔有一流的口才,又比希拉里松动讨喜,所以早有人生出了他在抢风头的怨言。偏偏克林顿又是无可救药的自我中心,一上了台就忘了是在助选，却只讲自己，在一次短短的演讲中，竟被记者数出了九十二个"我"字。使得希拉里竞选总部一度不得不将锋芒太露的比尔暂时冷冻。

爱荷华初选失利后，希拉里阵营却决定再拿出比尔这项法宝，企图阻挡势力增强的奥巴马。复出的克林顿总统立即像一头猎犬，扑向奥巴马，他先说奥巴马的反战纪录是"童话故事"，再扬言选奥巴马做总统是像赌徒丢骰子一样地大冒风险，接着又抗议内华达州票选处设在赌场有利于奥巴马，然后又指控奥巴马称赞前总统里根是为共和党说话。一两个星期内，我们几乎天天看到比尔红着脸，挥动着食指，激烈地与记者争论咻咻。先不论他对奥巴马的指控是合于事实的批评，还是无中生有与断章取义的抹黑，最令人质疑的却是，一位美国前总统如此地卷入选战，尤其是扮演这"打手"的角色，是否合宜，是否公平。批评他的人，举出老布什总统在自己儿子竞选活动中的低调姿态为例，认为比尔太失元首风范。

奥巴马被攻击了几个星期后，终于决定反击。在南卡罗来纳州的辩论会上，两位候选人展开了史无前例的相互抨击。而那不在台上，也不在台下的克林顿总统，却正是这场争议的中心。

奥巴马认为克林顿总统对他的攻击与事实不符，而且"二对一"使他弄不清楚是在与哪一位克林顿竞选。希拉里则为比尔辩护，她说配偶助选是天经地义的事。奥巴马和爱德华兹的老婆，不也都为丈夫助选吗？

这火花乱飞的辩论当然最合媒体心意，耸人听闻的标题纷纷出笼。而《纽约时报》的政治博客里,两位候选人的支持者亦展开了激烈的笔战。希拉里的支持者说奥巴马像个小孩,打不过就撒野哭闹。奥巴马的支持者则说克林顿是说谎专家,为得政权无所不为。然而在这壁垒分明的笔战里,我却特别注意到了署名"纽约海伦"所写下的意见。"纽约海伦"一向是希拉里的支持者,也是激烈的女权主义者,这次她却说:"现在比尔对希拉里最有助益的行为,就是闭嘴。"

海伦并不是唯一要克林顿闭嘴的人。辩论的第二天,包括参议员甘乃迪的数位民主党大佬,纷纷致信克林顿,要他检点收敛。

说起来,希拉里为丈夫辩护的论点,也是十分牵强的。候选人的配偶当然有为自己丈夫或妻子助选的权利。但"支持"自己的配偶与"攻击"对手,却是全然不同的两件事。正面强调自己配偶的长处,以此助长选势,当然是可被接受,但是出言攻击配偶的对手,就是十分不得体的行为了。爱德华兹的妻子伊丽莎白也曾因攻击希拉里以及奥巴马的妻子米雪儿,而大受批评。所以批评克林顿行为不当,并不是为奥巴马说话,而是依据社会所认可的行为底线。

此外,将克林顿总统与一般配偶相比,也难自圆其说。这还牵涉到了希拉里本人的征信力。因为令选民——尤其是女性选民——感到不安的是,希拉里打着女性主义的旗帜,以第一位女总统的历史意义来争取女性选票,却不能在"女性独立自主"的形象上有令人信服的表现,反而更加深了她没有老公就不成气候的印象。《华尔街日报》的专栏作家佩姬·卢能

(Peggy Noonan)就曾质问,希拉里如果现在就没有制约老公的能力,将来进了白宫又会是什么样的情景?

我们当然不用担心比尔会"垂帘听政",因为他是绝对不可能会愿意坐在帘子的后面,令女性主义者担心的是,比尔一旦大剌剌地且明目张胆地统领一切,那位"女"总统,不仅是个符码,还更是一个傀儡。

《纽约时报》的专栏作家莫莉恩·窦德(Maureen Dowd)一向以尖刻的笔锋出名,然而在她名为《二对一》的文章里,却出现了这样沉重的警句:"克林顿这对被《纽约邮报》称为两头怪兽的夫妇,要达到什么目的,就会不择手段地达到那个目的,尽管在这过程中被摧毁的,可能是他们自己,以及他们的民主党。"

"买一送一"真是好主意吗?我们能想象公司的主管随身带着老公或是老婆开会做决策吗——不管他们的配偶是多么的聪明能干?希拉里似乎忘了她自己在九十年代介入克林顿政权时曾制造出的混乱与敌意。目前她的支持者仍愿相信这只是选举的策略,一旦选上,事事都安。但是比尔如果再如此猖狂下去,这种说法就难再有任何说服力了,尤其是对那些认为自己是在创造历史而决定投选女性的选民,"纽约海伦"就是这样的一个例子。

民主里的"朝代"问题

2008年美国总统大选的超级星期二前,民主党初选的战场上终于只剩二人,一是非裔的奥巴马,一是女性的希拉里。他们初次一对一地辩论,亦十分贴切地在多元的加州举行。这场在洛杉矶柯达剧院举行的辩论会,象征着美国民主与民权发展史上最光辉的时刻。倒不只是因为这两位有着少数族裔身份的候选人,一旦成为总统就能创造历史新机,也更因为在这场辩论里,两位候选人一反惯有的针锋相对,而以和平互敬的语调议论,在在彰显出美国民主最令人向往的面貌。

对政治尚怀理想的人们,都恨不能将这场辩论做永远的定格。因为辩论会后,犬儒的政论者,必然要以选战策略的语汇,解构这份和谐,而将之拆解成毫无诚意可言的利益计算。《纽约时报》的莫莉恩·窦德(Maureen Dowd),就说奥巴马与希拉里故作友善,两人都应获得奥斯卡的杰出演技奖。

其实在唯恐天下不乱的政论者搅局之前,辩论中一位选民借网络传来的问题,就已适时地戳破了理想的气球,而凸显了美国民主制度中不尽完美之处。

这位中年女性的问题,针对希拉里而发。她说从自己可以投票以来,选票上就一直有着布什与克林顿的名字,在过去的二十年中,选民简直无法逃脱这两个家族,这"朝代式"的传袭,是否有益于民主?

其实,自从希拉里宣布参选,"朝代"的问题,就不断地被人提出,二十年间只有两个家族进出白宫的事实,亦令一向以民主精神自豪的美国人深感不安。社论与博客对此都有激烈的讨论。甚至有以"永恒的布什与克林顿"(Bush-Clinton Forever)为名的网站成立,他们列举老布什、比尔·克林顿、小布什、希拉里·克林顿,又揶揄地预测此种朝代模式的继续繁衍:2017年是杰·布什(Jeb Bush),2025年是克林顿的独女切尔西(Chelsea Clinton),2033年是杰的儿子小小布什(George P. Bush),2041年轮到切尔西的丈夫,2049到2057年则该是小布什的女儿婕娜……

虽然二朝布什与克林顿都是民选的总统,但是权力长期停驻于两个家族之中,到底不是号称最民主的美国所能引以为傲的现象。有人甚至以此作为杯葛希拉里的理由。吊诡的是,我们如果以终止朝代为名,因姓氏而反对希拉里,那岂不正是最违反民主精神的行为?民主最基本的要求,就在于将个人优劣的论断界定在个人的层面,而不扯进种族、性别、姓氏或背景。任何人——包括希拉里——都不该因姓氏而受罚。

希拉里在辩论会上的回答,也是循序着这样的逻辑。最终,她还以开玩笑的口吻说:"第一个克林顿清理了第一个布什所留下的烂摊子,我们大概还是需要另外一个克林顿去清理另外一个布什所留下的烂摊子。"观众报以热烈的掌声，这是炫耀此党优于彼党的忠党手势。但是希拉里的说辞，却正击中了"朝代"问题最敏感的一根神经。如果一个国家的历史，只靠两个家族间的起落来推动，或说一个家族的烂摊子只能由另一个家族来清理，这又是什么样的民主呢？希拉里说自己虽有一个响亮的姓氏，却仍和所有人一样，都要在相同的政治过程里打拼与争取选票，所以到头来，大家都是平等的。她的自辩之词，却反讽地彰显了"朝代"问题的症结。因为大家都知道希拉里的说辞与真实不符，她的姓氏当然给了她极大的优势：从知名度、募款、人脉等，这也是为什么布什与克林顿的家族能在二十年内维持着势力的部分原因，权力的垄断，使他人进入政治的过程更为艰难，也使竞争者无法站在相同的立足点上。

严格说来，希拉里也不是唯一有着承继"朝代"嫌疑的候选人。肯尼迪家族对奥巴马的支持，也让许多人感到不安。肯尼迪到底是美国政治中最能象征"朝代"的家族，因此，他们对奥巴马的支持，虽然不是建立在姓氏之上，仍免不了有着"钦定"的底调，似乎与民主的理念和精神有所违逆。

所以柯达剧院那场辩论虽然动人心弦，却仍暴露了民主制度所不能完全清除的特权、背景与姓氏的暗流。除非公共助选基金的法案能被实现，否则政权完全属于人民的说法，是无法有绝对的真实性的。

辑四

微言

登 山

那年暑假在洛矶山中避暑。做父母的在一起时,都爱讲述自己的儿女如何四体不勤,在大好的山色中,不但不肯多费脚力享受登山乐事,还十分扰人地抱怨不停。一位朋友形容他十四岁的女儿,如何在山路上不停地重复抱怨:"我真不懂这到底有什么意思,辛苦地走上去,又辛苦地走下来,结果还是回到了原地。"大家听了好笑,觉得她说的也不无道理。对这样的抱怨,大人们可能可以做这样的答辩:"那人生又有什么意思呢?辛苦地被生下来,辛苦地活一辈子,结果还是要死掉。"面对十四岁的孩子,多数人大概是不忍这样说的。十几岁的年龄,爬山可以虚无,人生却还不能虚无。

对那"人生何意"的问题,最典型的答法,大概就是"人生在乎过程"那一套的说辞了。"是为过程还是为目标",真是老掉牙的话题了。我们讲旅游、谈诗、论舞蹈,似乎都扯得上这个题目。然而"过程"与"目标"两者之间的暧昧张力,却没有比在登山这事上,表现得更明显了。因为,登山有个极明显的"目标",也就是那个山顶,但吊诡的是,登山活动却并非终止于山顶那个目标，因为我们还有下山的路要走。最终，我们却又回到了原来的地方，起点与终点之间的距离为零。

登山人为了众多不同的原因登山。有人十分实际地只是为了健身，山岭于是只有着健身仪器的功能。有人登山是为了要"征服"各种山岭，所以我们常见到登山队的大旗插在山顶的照片，对这些人而言登山是咬牙切齿的挣扎，为的是在登山记事簿上多加上一个新的山岳之名。

但我那天在山路上所遇见的一位登山者，上下同一座山峰前后已有上百次之多。"征服"当然不是他登山的目的。像他这样的登山者，对于为何登山的问题，大概都会答道："啊！登山，是为了过程。"这正是我那位朋友，对他十四岁的女儿所说的话。

然而登山的"过程"又是什么呢？是自己的气喘咻咻与腰酸背痛？还是山中的一草一木，与平地不得一见的景致？登山是为了体验自己的存在，还是山的存在？

我们的儿子那时只有五岁，走在山路上，不停地以五岁孩子的急切追问："什么时候才到山里？什么时候才到山里？"告诉他我们已在山里了，他却如何也不能信。因为他一直在等那个图片中常见的椎状物体，那个叫做山的对象。我自然想到"不识庐山真面目，只缘身在此山中"这句话。但是什么才是山的真面目呢？是图画中那个椎状物体，还是我们脚下所踏着的蜿蜒山路，与鼻中所吸进的山野空气？一个人的真面目，是一张亮丽的照片，还是日日相处后所透露出来的性情？如果我们认为山与人一样，真面目不以形体界定，而以性灵界定，那么"不识庐山真面目,只缘身在此山中"这句话,真应改写成"要识庐山真面目,只能身在此山中"。

站在山顶,山下的景色尽收眼底,一个人所能感受到的,恐怕也不是"征服"那样简单的情绪。"征服"意味着自己高于山岭,显然有点自我膨胀的嫌疑。其实,山下景色渺小微茫,不正该教人谦卑?"登泰山而小天下",因为自己乃是天下的一部分,该"小"的不是天下,而是自我。

希腊神话中的西西弗斯,为神所谴,终生以推巨石上坡为业。巨石一及坡顶,必又滚落谷底,周而复始,不停不歇。这则神话早已成为"徒然无功"的隐喻,印证着那位十四岁女孩的登山心情。存在主义哲学家加谬(Albert Camus,1913—1960)却对这反复无止的作业做出了不同的反思,他肯定着那反复里可能的快乐,因为只有如此,与西西弗斯的惩谴同质的人生才可能有意义。尼采更对不止息反复的荒谬创造出了"恒久重现"(eternal recurrence)的词句,以作为一个人是否热爱生命的测试。依照尼采的描述,这"恒久重现"意味着:"你所过的生活将重复无数次,且没有新事物加入,每一痛苦,每一快乐,每一思想,每一口叹息……都将重新回到你的身上——而且完全以同样的次序,同样的时段发生。存在的永恒沙钟,将不停地被翻转再翻转,连你这群沙中的一粒沙尘也包括在内。"如果对这恒久的重现仍能发出肯定的答案,那才是生命力的真正表现。

看来要超越生命徒然的荒谬,人只有将自己全心投入生命的活动之中,特别是对象征着生命的上山下山的重复活动。

那是面对生命荒谬命题的唯一途径，因为，生命的意义就在生命，而登山的意义也只在登山。加谬在《西西弗斯的神话》(*The Myth of Sisyphus*) 中写道："向上的挣扎充实人心，西西弗斯必然是快乐的。"而除了"征服"与"健身"之外，登山的神奇，是否也就存在于那"向上的挣扎"中呢？在那垂直向上的移动里，我们忽有超越的幻觉，好似如地心吸力那样斩钉截铁的生命律令也可暂被停息，也就是那一刹那的振奋了，它使我们忘却了终要回到生命原处的、那一切徒然无功的无奈。

自由的过程

米开朗基罗的雕刻作品"大卫"(David),是文艺复兴极盛时期的代表杰作,也是佛罗伦斯旅客"必游"的景点之一。然而匆忙的旅客来到"大卫"所坐落的学院美术馆(Galleria Dell' Accademia)后,却通常直奔目标,在雕像四周走上一圈、发出几声由衷的赞叹后即匆匆离去,赶赴下一目的地。不少旅游书籍与旅游网站,也明白地告示读者,在美术馆鳞次栉比的佛罗伦斯,学院美术馆所值得逗留的也就只有"大卫"这件艺术作品了,它们通常给学院美术馆以十到二十分钟的预估旅游时间。

因为大批人群的来去匆匆,和其他美术馆相比,小小的学院美术馆时时透露着一份纷扰杂沓的紧张。而美术馆也因大卫这出名的"居民",而自然被划分成了两个世界:与人声嘈杂的"大卫"周遭相比,美术馆的其他角落,显出一份难堪的清冷。值得庆幸的是美术馆有着严禁照相的规定,否则大卫不但要长期承受闪光灯的侵袭,这座雕像也将沦入像日本金阁寺那样的命运,只是旅客为要存证"到此一游"的照片背景。在不能咔嚓一声就了事的情况下，游客被迫多用一点心思，至少要在意识的层面上，用心地将作品的影像印刻在自己的心眼之上。

顾名思义，学院美术馆原本是一所美术学校，后改为美术馆，收集了不少文艺复兴前后时期的作品，这些绘画与雕塑，在艺术品丰足的佛罗伦斯也许算不上是至宝，但若移师其他城市，却都能成为宝贝。然而自从1873年"大卫"由佛罗伦斯的市政广场（Palazzo della Signoria）移至室内后（1910年另置一复制品于广场原处），馆中的其他文艺宝藏，就命定了要被淹没在"大卫"的长影之下了。虽然不能与"大卫"争风头，这些零星的作品，却也靠着为一睹"大卫"风采的人所付的入场费，而得以被妥善地保存照管。

然而对我个人而言，在游遍佛罗伦斯的大小美术馆，饱食文艺复兴丰盛的艺术大餐之后，最让我铭记在心的感性时刻，却发生在走向"大卫"雕像的长廊上。"大卫"被放置于普及欧尼长廊（Galleria dei Prigioni）的末端，耸立于一圆形屋顶所界定出的高旷空间里。雕像全高十四英尺（将近四米又三十四公分），安放于一座高于两米的台架之上，使近观者只能采取仰望的视角。而普及欧尼长廊当然不是进入学院美术馆后的第一个陈列室（所有精彩的事物都应有半遮半掩的神秘感），进入学院美术馆后的第一个陈列室是挂满画作的安提可罗索室（Sala dell' Anticolosso），由安提可罗索室右转进入普及欧尼长廊时，人们的目光立即被耸立于长廊末端的雕像吸引，在采光极佳的圆顶覆盖下，"大卫"发出着晶莹剔透的光辉。一旦看到，目光就难再转移，它像一枚巨大的磁铁，紧吸着人们驱前的脚步。

然而在目不斜视的前进中，观者所极易错过的，却是那场我所认为佛罗伦斯最感人的艺术景观。在通往"大卫"的走道边，陈列着四件米开朗基罗未完成的雕刻作品，是四位奴隶的写像，这组作品被定名为"奴隶"，亦名"囚禁者"。四件作品处于不同的创作阶段，但表现的主题都已隐约可见，部分完成的人体——身躯，侧体，肢体——令人惊心地浮现在仍然粗犷的原石中，线条与原石紧密地纠结于一处，其所制造出的视觉效果，竟是被囚禁于巨石中的人体，正奋力地要破石而出。因为被封冻在未被完成的状况里，那逃离的姿态就永远地被定格在不能到达的进行时之中。粗糙原石衬托着米开朗基罗锉刀所塑出的线条，更加强了逃逸欲望的急切，以及要逃却不能逃的阻逆，对观者发出即刻的震撼。米开朗基罗在乱石中所刻划出的动人触感，使我们难以不对那最终的命运生出悲悯，却亦难以不对那奋勇的企图生出感佩。

这是观看"大卫"前，最合宜的序曲了。这些仍被囚禁在原石中的形体，使彻底挣脱粗糙的原石而以最光美洁净形象现身的"大卫"，发散出更大的荣耀。

所以当目光由这四尊阴暗的巨石移向"大卫"时，我们几乎需用双手遮掩它所发出的光亮。在那一刻，我心中浮现的词句，竟是美国民权领袖马丁·路德·金博士的呼喊："自由了！终于自由了！"挣脱束缚的大卫，凯旋地站在崇高的台柱之上，晶莹剔透，见证着自由与完美。

大卫是圣经里的英雄，他以单薄的势力战胜强大的哥利亚（Goliath），从此成为以少胜多、以弱制强的象征。1501年佛罗伦斯市府征选米开朗基罗创造"大卫"的初衷，就是要以大卫的传奇来表现"自由"的概念。所以在意义上，大卫与四位奴隶的并列，的确彰显了自由与奴役的对比。然而，自由在此的意义更早已超越了最表面的、作品主人公的社会地位。在此，自由所涵括的，除了精神与道德的领域之外，更直指着艺术创作的过程。

艺术的创作过程，尤其是雕刻艺术的创作过程，亦是一种由奴役到自由的过程。雕刻的本质即在去芜存精，雕刻家以锉刀敲除赘余的石块，以显现出他意欲表现的形体与形状。他的工作不在添加，而是以筛选的手段，保留本就存在于原石里的精要。换句话说，雕刻家的目的是将"形状"自"无形"中"释放"而出，使得艺术家心中的"构图"，摆脱原始石料的无章与混沌，而得到最终的自由。

昆德拉提出"本质的伦理学"（ethics of essential），更将这去芜存精的过程泛用到所有的艺术创作——包括文学创作，他认为艺术创作的目的就在除去"次要"的成分以保存"精要"。用雕刻的语汇来说，创作是在一块巨石中划分精要与杂芜，进而以除去非精要的手段来显现最精要者。米开朗基罗这四件未完的刻像，象征着奴役，不只是因为它们是四名奴隶的雕像，也更是因为在艺术创作的过程里，它们仍陷于次要赘石的囚禁中，精要尚未获得自由。

在文艺复兴时代，雕刻被视为最高的艺术形式，因为它仿真着神造万物的过程。本着这样的艺术观，米开朗基罗创造"大卫"时，相信大卫的形体已存在于那块巨石之中，就如同灵魂存在于每一个人的肉身之内。艺术的过程即在将那理想的形体，自浑然无形的原石中解放而出。

所以在学院美术馆的普及欧尼长廊里，我们所历经的，不仅只是由未完到完成、由无形到有形，更也是由混乱到秩序、由奴役到自由的过程。因为历经了这样的过程，我们对"大卫"所生出的就不仅只是对完美的赞叹，而更是对它如何从未完到完成的感动。这是对艺术创造过程的倾心，亦是对如神的米开朗基罗的人性的意识与知觉。

"大卫"这件完美的艺术作品激发着我们不可自抑的崇拜，而这四名永在挣扎并尚待解放的奴隶，却彻底地感动着我们。也因为这四件作品的感人力量，有些艺术史家竟然认为它们其实并非是未完之作，而是米开朗基罗刻意要呈现"创作过程"的作品。不论这"未完"的况态是否是米开朗基罗设计的初衷，将这四件作品与"大卫"并列，无疑地制造出了强大的效果，那些尚且囚禁在石块中的形体，使大卫的完成更见光洁，而他们被定格的挣扎，也使大卫最终的胜利，更现甜美。在普及欧尼的长廊上，我们所赏析到的，不只是一尊完美无缺的艺术杰作，更是那令人动容的艺术创作过程——那可以比拟于由奴役、挣扎而终于到达自由的过程。

姊姊妈妈的

真相终于大白了！有关2006年世界杯足球决赛里的打架场面。

终场前十一分钟，法国足球国宝齐达内（Zinedine Zidane），突然顶头用力撞向意大利球员马特拉齐（Marco Materazzi）的小腹。齐达内被判出局，法国队在点球大战中以二分之差输掉了冠军头衔。

从那戏剧性的一刻起，所有的流言都揣测是马特拉齐先做了口头的挑衅，是他先在齐达内耳边细语了某种污辱的言辞，才激惹出齐达内的奋不顾身。至于那污辱言辞的确切内容，两位当事人却都不愿公开谈论。悬疑几近一年，最近马特拉齐为了新书打书，才将之公之于世。

其实，用一本书去说清那骂人的话（或者应该说只因说了一句骂人的话就可以出一本书），似乎是小题大做了。多数人不用读这新书，也能猜到那句话的基本内容。也只有触及姊姊妈妈这类的脏话，才可能激起齐达内那样的愤怒。

以污辱女性家眷来激怒对手的行径，有着悠远的传统，和人类历史同样地古老。虽然说不敢骂当事人却间接地骂他的女眷,是一种极端懦弱的行为,但这种攻击策略却有着无往不利的奇效。无怪乎,把姊姊妈妈和性扯在一起的骂人方式,几乎出现在所有世界的语言之中。

讲穿后,马特拉齐那句制造长久悬疑的骂话,果然并没有任何的原创性,还是在这姊姊妈妈的传统里打转。他口吐的秽言大致可中译为:"我喜欢像你姊姊那样的妓女。"(至于马特拉齐最初用的是意大利文、法文,还是英文,至今还被记者咻咻地争论着。)

没想到这样一句毫无新意的咒骂,竟然影响了那样一场重要的球赛。可见我们绝对不能忽视"姊姊妈妈"在人类——尤其是男人——心底那拂之不去的错综情结。

一位对中东文化稍有研究的朋友讲起这件事,十分郑重地说道,回教男子最大的耻辱莫过于自己的姊姊妈妈被污蔑。言下之意,齐达内那维护姊姊妈妈荣誉的行为,乃是任何一位正直的男人所不能推诿的责任,为此而失去世界杯的头衔,也是值得的。

然而隐藏在齐内达肢体动作中的,的确是那么值得称颂的动机吗?首先,男子深觉必须身先维护女人名誉的动作,已然暗示着他们认为女子无力维护自己的利益,女子软弱无能,所以必须仰赖男人保护,虽然在这场口头的污辱中,女人根本没有丧失任何名誉,也就没有什么名誉好被维护(齐达内对马特拉齐的反应,简直是认可了马特拉齐恶言中所隐设的不堪)。当然,更值得深问的是,男子这类行为所要维护的,究竟是女子的福祉，还是自己的清誉？令他们焦虑的是女子的受辱，还是女子的受辱可能带给他们的负面影响？

某些原教主义盛行的回教国家，至今还存有所谓的"名誉死刑"（honor killing）。女子不幸遭遇性暴力时，最好找一根绳子自行了断，否则，她的父兄有"义务"将她处死，以维护她的名节与家族的荣誉。然而，这些男子所关心的如果是他们女眷的福祉，那应该被处罚的，难道不是那位施行性暴力的男子吗？但在"名节"（主要是关乎他们自己的名节）的大旗下，他们不但不觉得有抚慰受害姊妹的需要，却还强把她们变成两度的受害人，为了家族（也就是男性家长）的社会地位与清誉，那位已受"污染"的女性，必被清除。

我们忍不住要质疑这种以保护女子为己任的男性企图。如果这种企图真正的对象是女性的安危，那么女眷遭到侵害，这些男子难道不应感到一种未尽保护之责的自我愧疚吗？依序该受责的，除了那施暴的罪魁祸首之外，不正是受害女性失职的父兄？

所以藏在这些"姊姊妈妈"的脏话之下的，毋宁是女性乃为男性财产的原始概念。这些脏话所激起愤怒的，无关女眷受辱，却是男性感到财产的被侵犯。在如此的语境里，"姊姊妈妈"也只是一种代称，就连没有姊姊妈妈的男人，也同样会被这样的挑衅激怒，而奋不顾身地要与对方决斗，他们所要保护的无关女性，而只是自己的资产、权益、名声与男性尊严。

我并无意对齐达内做个人的批评,他那千分之一秒内所做的反应,也只不过是更大的文化氛围里的产物。在此,我只不过想借他那未经思考的直觉反应,铺陈出他行为背后的、充满着性别主义的集体意识。

希拉里传奇

那天与好友玛琪共进早餐，免不了又谈起了正火热进行的总统大选，玛琪愤愤抱怨密苏里州的参议员马凯思科（Claire McCaskill）竟然决定在民主党的初选中，支持希拉里的对手奥巴马："马凯思科当初竞选时，得到那么多女性选民的支持，如今她却成了女性的叛徒。"

希拉里最忠实的支持者，就是像玛琪这样的女性选民。她们对于美国将有一位女性总统的历史时刻，充满了期盼的热切，自然会对那些不支持希拉里的女性同胞，表现出强烈的敌意。

但是，玛琪的态度也并非所有女性共有，在我经常出入的《纽约时报》博客中，就经常读到与玛琪完全相反的看法。而在希拉里的批评者中，言论最激烈的也属女性，也就是那些自诩为"纯粹女权主义者"的选民。

希拉里本来就是一位引人争议的政治人物，她虽然在民主党的选民中，享有极高的支持率，但对她有"恶感"的选民比例，亦高居所有的候选人之上（一项民调曾显示在任何情况下都不愿投选她的人数竟高达百分之四十)。支持希拉里的人,通常都将这种恶感,归咎于社会根深蒂固的性别歧视,她们认为一般人之所以对希拉里有强烈的反感,是因为传统社会无法接受一位女性积极争取权力的事实,政治野心在男人身上是一种值得称道的优点,到了女人身上就成了跋扈的劣质。

这种说法自有其根据,两性平权虽被谈论已久,但在情感的层面上,我们对于男女政治人物依然采用着极端不同的标准。举一个最简单的例子:中国历史上的昏君不少,但人们提起慈禧太后,却有着卓然不同的情感强度,男人误国值得被骂,但臭娘儿们误国,除了腐败还有性别的逾越,所以咒骂起来有着更多一层的咬牙切齿。

但是将一切归咎于性别歧视的说法,也有它的局限与危险。把批评希拉里的人全都归类为性别歧视者,这本身就是一种蛮横的性别主义,因为动不动就把性别歧视拿出来当作挡箭牌,实是拒绝将希拉里看成是一位可能有缺失、也可能值得被批评的个别体。坚持群体认同而否定个别性的姿态,就正是所有歧视与偏见的根源。

在另一个极端,那些激烈批评希拉里的女性主义者,本的却是"纯粹"的标准。她们认为希拉里的政治生涯完全违反了女性独立自主的原则,而是仰赖着丈夫在民主党内深厚的政治关系与募款机制。希拉里虽然是一名干练聪明的女性,但是许多和她能力相当,甚或能力超过她的女性,若是没有丈夫这层裙带关系,根本不可能达到像她这样的政治地位。在"纯粹"女性主义信仰者的心中,希拉里政治生涯的飞升,不但不值得欢庆，反而是对女性主义的一大讽刺。因为希拉里并没有跳出因夫而贵的传统框架，不但没有为年轻的女性树立起一个自足的典范，反而更加巩固了父权社会的权势结构。以此观之，希拉里和其他继承父兄或丈夫旧业的女性领袖——如印度的甘地夫人、巴基斯坦的布托、缅甸的昂山素季——在本质上并无不同，更缺乏任何划时代的"革命性"。而最令这群女性主义者失望的是，希拉里不但没有重创自己政治蓝图的野心，反而将丈夫的政绩作为自己的竞选平台，甚至以如何重返丈夫执政时期的荣光为号召。因此，她们对于希拉里即将成为美国第一位女总统，不但毫无雀跃之情，反而遗憾地觉得此一历史时刻已被"污染"。希拉里的成功，只不过再次地肯定了女性主义一心想打破的迷思，并反讽地加深了女人没有男人相助就不可能成功的信念。

这种复杂的情绪是极易被了解的。但在追逐"纯粹"的过程里，这些女性主义者可能也不自觉地陷入了以主义唯是的僵硬牢笼。理想上，我们当然希望第一位女总统是出于自己的能力与打拼，但以这理想来责难希拉里，也并非公平。对于自己由第一夫人，到参议员，再到总统候选人的人生路径，希拉里并没有主控设计的能力。以生平传记批评她，有倒果为因之嫌。同时，男性政治家经由家庭背景或裙带关系而得权，是常有之事，比如肯尼迪家族的政治势力，仰仗的就是家世名声，如果我们可以接受罗勃·肯尼迪，却不能接受希拉里·克林顿，这不正是反性别歧视时因矫枉过正而造成的双重标准？

爱看猫儿打架

Catfight 这个英文词，指的不是猫儿打架，而是女子间口头的对骂或肢体的厮打。一般而言，猫儿打架，虽然不及狗儿打架那样粗暴与血腥（dogfight 这个英文词指的是男人在争地盘时起的争斗），但两猫相争时嘶嘶的龇牙咧嘴，与呼呼的利爪抓空，似乎更有戏剧的张力。就正如男人直接的拳脚相向，绝不比女人曲折的口角与扭打来得可观。

然而女子间的"猫架"也并不尽然都是因争风吃醋而起，有的是为争风头，也有的是因流言乱飞而起，但猫儿打架打得最暴烈时，却通常都是为了卫护自己的男人，这里的男人包括了情人、丈夫或是儿子。张爱玲在散文集《流言》中有一篇叫做《有女同车》的文章，记录在电车上听到的女子谈话，女人说来说去，讲的不是自己的情人，就是自己的儿子。她在文末写道："女人一辈子讲的是男人，念的是男人，怨的是男人，永远永远。"这句话其实也可以用来形容"猫儿打架"的内容，女人为维护自己男人的奋不顾身，绝对远超过维护自己利益的强度。

所以，在竞争弥漫的政治活动中，除了男性候选人之间的"狗架"之外，最为媒体所钟爱的，也就是配偶们为卫护自己男人而演出的"猫架"了。媒体对于这些猫儿打的架，除了迫不及待地大肆报道之外，有时还忍不住地要无中生有，或在字里行间大做文章，或挑拨出女人之间可能并不存在的敌意，期望以此引发出几场令人惊心动魄的扯衣拉发的猫儿打架。

传统中，政治候选人的配偶——在希拉里·克林顿之前，候选人的配偶当然都是女的——是以不引人注意为目的，她们致力要做好的，就是把自己变为一枚安静的道具，含情脉脉地站在丈夫身旁，时时刻刻用充满崇敬的眼神望向自己伟大的丈夫。她千万不要出声，更绝对不能表示自己的意见。

首先打破这安静形象的，是后来自己成为候选人的希拉里。她是第一位有学士以上学位的候选人夫人，不仅有着与丈夫相当的智力与学识，并且有着鲜明独立的政治见解。更重要的是，她拒绝假做愚蠢，也拒绝做一个无声的道具。1992年为丈夫助选时，希拉里就因为发言过多，而引起不少的争议。尼克松批评过她，他说："候选人的妻子太强或太聪明，只会使丈夫看来像个脓包。"

然而十五年之后，我们不但有了一位女性的候选人，更有了一群和丈夫能力相当并拒绝保持沉默的候选人配偶。比如民主党候选人爱德华兹的妻子伊丽莎白，奥巴马的妻子米雪儿，以及共和党候选人朱利安尼的第三任妻子茱迪。前二者更和丈夫有着同等的学历与职业，她们不但各持己见，亦毫不隐掩地涉入丈夫竞选的各项决策。对这一群颠覆传统角色的女性，社会的态度亦是两极的，崇拜者有之，批评她们过分嚣张的，亦不乏其人。

而唯恐天下不乱的媒体所最想看到的，却是这几位女强人之间的对立，他们希望竞选的压力，可以在这些女子之间爆破几场猫儿打架的镜头。因此，伊丽莎白批评希拉里的讲话，立即成为报纸的头版新闻。米雪儿无意谈到如何平衡家庭与事业的讲话，也被诠释是对希拉里的侧面攻击。有人甚至认为，这是一种新时代的竞选策略，男性总统候选人如果直接攻击如希拉里这样的女性候选人，会被看成是男欺女的非绅士行为，所以派妻子作为打手，就成了另一项政治利器。女人批评女人，不但较能被接受，而且猫儿打架，更有娱乐价值。

无怪乎，米雪儿所说："不能把家管好，如何能把国治好"的一句话，竟被扭曲成是影射希拉里管不好绯闻不断的丈夫，所以没有资格入主白宫。而伊丽莎白认为自己的丈夫比希拉里更能为女性争权益的论点，也被看成是两个女人间的争强比胜。其实伊丽莎白·爱德华兹所言，不管听的人同不同意，也是合理的政策议题，更重要的是，她的论点挑战着某些积非成是的迷思，比如女性必须选择女性，或是女性候选人必定有利于女性等。

然而就因为当事人都是女性，这类严肃的政策对话，却被煽动地报道成了琐碎的花边新闻，而女性之间有关国事的辩论，也只被看成了是一桩猫儿打架的趣事。

妈妈自保书

我的小儿子和多数在美国长大的华裔青年一样，小时候拼命拒上中文学校，到了大学，却又回头寻根，重新咬着洋腔洋调学起中文来。去年他去北京留学，临行时面带愧色地对我说："真抱歉啊！小时候不好好上中文学校，现在还要你花钱送我去学中文。"他既然这样有礼，我也只能挂上模范母亲该有的笑容，十分温柔地对他说："不嫌晚，只要你肯学，一点也不嫌晚。"我死劲咬住舌根，不让滑出口的，其实是天下父母最擅长使用的那句话："不是早就告诉你了吗？"

别的父母可能要指责我不知感恩，有这样谦逊儿子还不快快感谢天地，殊不知多数母亲所要面对的，常是那没好气的指责与埋怨："小时候我不懂事，那你为什么没有强逼着我去上中文学校？"说这些凌厉话语的人，早就忘了在那斗争里，强逼的结果可能会是惨烈的你死我亡。

在辛苦地拉拔子女长大之外，母亲的另一天职，就是作为成年子女所有不如意与欠缺感的代罪羔羊，那些幻想自己有无限潜力却被埋没的人，常把矛头方便地指向最不会有反击意图的母亲。唉！要是自己的母亲能多懂一点育儿之道，能多加一点强逼与督促，自己不早就成了人上之人？在这种怨叹里，这些人却无意对自己的能力做客观的估量，怪罪他人，到底要比面对自己的不足容易。我就曾听过一位五音不全的人梦呓地说过："小时候我妈如果逼我多练点琴，说不定我已经成为一位伟大的作曲家了。"

在每一位幻想自己是被埋没的天才的痴人背后，必有一位被彻底冤枉的母亲。

其实在我咬着舌根不炫耀自己全知的同时，我的儿子可能也同样地咬着舌根，不说出母亲教导无方的恶言。他之所以能有这样的自我约束，倒不是因为他受了什么值得吹牛的家教，而是因为他受着一张合约的牵制。

儿子叛逆达到最高峰的那年，终于下了拒上中文学校的最后通牒。在苦口婆心、晓以大意、放眼未来都不能奏效之后，我也只能听从育儿专家的意见，本着对付青春期子女应弃小仗而择大战的原则，让他辍学。然而在放行之前，为了保护自己日后不受莫须有的毁谤，硬是要求他签下一纸合同，保证将来绝不怪罪老母。我说："以后你可不能怪我没有逼你学中文。"他不可置信地看着我，好像我说的是火星人的语言。

儿子急速地在合约上打了手印，还歪歪斜斜地签了个名字。我也故作慎重地把合约存放到保险箱里。他笑得合不拢嘴，快乐地觉得用一张合约换到了不去中文学校的自由，是多么大的一个便宜！年幼无知的他所没有想到的却是，这纸合约其实剥夺了他人生里一项十分重要的权益，也就是那其他人可以信手能拈来的"全怪妈妈"的现成借口。

合约的内容大致可中译如下：

"在此，我放弃一切在未来埋怨或指责我的母亲的权利。不去中文学校、放弃钢琴、小提琴、古典吉他以及'小苹果学法文'，都是出于我自己的意愿，我的母亲用心良苦，竭尽所能，利诱皆施，谆谆劝导，仍无法改变我的心意。放弃这些学习的机会，是我自己的选择，与我的母亲无关，我将负起全部责任，而绝不抱怨我的母亲未尽督促之责。谨此。"

别的妈妈听我说起这个合约，都恨自己没有同样的先见之明，有人建议我应该去申请专利，以"妈妈自保书"为名，大事向天下的母亲推介。

其实，我也不必过分得意。碍于这份合约，儿子虽不好在口头上对我兴师问罪，谁能保证他在心里不像其他人那样，仍把一切挫折都归罪到母亲头上？果真其然，也是无可奈何之事了。在文明的社会里，我们只能要求文明的举止，却不能要求表里完全合一的文明心念。至少在签这纸合约的小小游戏里，我们对一切归罪母亲的荒谬行为，生出了些微的警策，并对它做了一番合宜的揶揄。

在我自己叛逆的年岁里，母亲每每被我气得无言以对时，就会突转镇定，从容不迫地对我说："我不生气，我不用生气，将来总会有人为我报仇。"

她的话如真理般应验。一代接着一代地，我们仍然习惯性地把最逆来顺受的母亲，当成宣泄自己不得意的出气筒与顶罪鬼。

色妇有疾

早对台湾媒体渐以性及暴力挂帅的取向有所见闻，但访台期间赫然在《中国时报》头版看到"色妇难戒，劈腿4男"这样斗大的标题时，仍有说不出的惊心。一份主流报纸竟如此屈就读者粗糙的八卦口味，恐怕也不能只用《苹果日报》的压力来做托辞了。（替《中国时报》辩护的人可能要急急指出两报的不同之处，光这标题就比《苹果日报》有水准，它套用的可是刚得了大奖又正在台北大卖座的李安的电影《色，戒》。多有文艺腔！）

除了招徕顾客的耸动标题之外，《中国时报》还另用全版篇幅对这并无太多新意的新闻做了极为煽情的报道。内容也只是一名任教职的已婚妇人，先后与四位男士发生性关系，终被丈夫发现，告上法庭。

当然，这则新闻的耸动性是完全来自当事人的性别。换成男人有四位情妇，恐怕连上报尾做花边新闻都没资格。也就因为是位女性（而且还是担任教职的良家妇女），"四"就成了一个令人咋舌的数目。而且这名妇人还大小通吃，情人的年龄层从"二十几岁的学生到五十几岁的欧吉桑"。而最令看客心头发痒的细节，就是这名女子竟将与情人幽会的细节一一记录在日记之中，五年下来共有八本。她不但对自己的不伦之恋毫无羞愧之心，反似乐在其中，既做且说，表明了她在外遇中所追索的不是爱情，而是纯粹的性快感。

《中国时报》为要彰显自己主流媒体的地位，在极尽《苹果日报》式的八卦叙述之后，亦不忘添加一点社会文化的脚注，而特请了心理医生来共谈此事。

"这位女子可能具有边缘性格。因为渴望被爱才会屡次出轨、屡次受伤，却仍不计代价搞外遇。"一名心理医师做了如是的诊断，并推测这名妇女必定成长于一个缺乏关爱的家庭，以致发展出这畸形的人格！

我们对于这未经个别访谈就做下的、教科书式的诊断，当然不必过于认真。但这则报道引进心理医生意见的事实，却值得玩味。在论断男子拥有众多情妇的案例时，我们除了说他风流成性并对过盛的情欲没有自约力之外，从没听说要请心理医生会诊座谈，或揣测他是不是有一个缺乏关爱的童年。换言之，男人恣情纵欲，被认为是判断力的一时失误，而女人恣情纵欲，就成为了可诉诸病理学的病变，值得被心理或精神的专业人士共同讨论。

其实两性关系中本就充斥着各样的双重标准：唐璜浪漫，潘金莲无耻。这双重标准一旦置于情欲的衡量上，就更有了正常与病态的分野。男人搞外遇以满足情欲，似乎是十分"正常"的理由。女人则不然，为爱情搞外遇，尚可取得同情，若是如这名妇女仅以欲望为是,那就必须面对社会最终极的排挤,以及心理不正常的指控了。

对女人情欲的不能正视(或说是恐惧感),根植于社会求取稳定的强烈需要。在父权社会中,女子的贞节与从一而终是稳定社会秩序的最重要力量。因为女子乱伦所可能造成的"父不详",乃是摧毁世族谱系最快速的方式。无怪乎,妻妾的不贞是男子最不愿面对的恶梦,也是社会倾全力要强加扼阻的。除了以贿赂的手段到处设立"贞节牌坊"之外,传统社会防止女人情欲泛滥的另一种机制,就是制造只有坏女人才有情欲的迷思。在这迷思的笼罩下,人们逐渐相信,男人"兽性"较强,拈花惹草是他们的本性,女人不同,也只有坏女人才会被情欲左右。社会从而依据这则女人有较高"道德感"的谎言,以作为对犯规者重罚的合理基础。最终,这也只是贞节牌坊的另一种变奏,看似抬高女人,实是强行否定女性的真我。

其实,在婚姻规范与私己情欲的挣扎中,男女所面对的是同样高难度的挑战。在传统社会中,女子出轨的数字比男子低的原因,并不是因为女子没有情欲的需求,而是因为那种需求的实现必然会带来惨烈的后果。在开放的社会中,女子情欲泛滥成灾的事件,势将层出不穷,与其盲目且方便地将之斥为变态,不如修正我们对男女自持力的双重标准。对于那些不能将自己的情欲牢锁在婚姻制约范围里的男女,我们若要施以道德的批判,也应正视女子情欲存在的现实,而对犯规者采取不论性别的、较为公允的标准。

互异中的和谐

在美国,孩子上的学校完全取决于父母居住的所在。好学区的房地产于是贵得惊人,也因房地产贵,税收高,学校也越来越好,坏学区则面对着完全相反的命运。这样的恶性循环,不但清楚地划分了富有人家与贫穷人家的子女,更在不同种族之间,画上了一条不可寸移的界限。

孩子上小学时,我们所住的地区,多为中产阶级人家,但却有着相当数量的非裔人口,学校不是那么"黑白分明",反是黑多白少。我们一向相信公立教育的最大好处是它的多元性,也相信这个学区的人口组成,可为孩子们提供一个学习如何与异族相处的自然环境,所以没有像其他中国朋友那样,迁居到白人占绝大多数的地区。

学校人口的特异组成,果然在只上过白人幼校的孩子心目中,制造了极强的印象。第一天放学回家,他们就大惊小怪地说:"我们班上都是褐色皮肤的小孩。像我们这种皮肤的,"他们指了指自己的手背,"只有五六个。"我听了觉得好笑,他们竟然还自以为是白皮肤呢!不过倒也安心,他们只在描述那些孩子的皮肤颜色,而没有任何其他"种族性"的立论与意见。至少在面对少数族裔的孩子时,他们并没有既定的成见。

不幸的是,不少中国朋友对待黑人的态度上,却可被归化为彻底的种族主义者。我时常从刚下飞机的新留学生口中,听到一长串反黑人的论调。这是根深蒂固的成见,因为在还没有见过任何一位黑人之前就有的偏见,当然不是建立在实际经验上的。这种论调很引起我的反感,尤其是出自一些受过高等教育的知识分子口中,更是叫人失望。我们后来的对策,是在未等这种人开口之前,就先挂起像"请勿吸烟"的标示一样,表明任何种族歧视的言论,请不要带到我家,更不要在我的孩子面前发表。

那时我对面的邻居是犹太人。小孩自小玩在一起,又因为女主人茱莉是建筑师,帮我们设计了几项改建装修的工程,两家十分亲密。他们五岁的女儿汉娜,有一阵子突然兴起了一股反黑人的情绪。有一次,他们全家在游泳池边戏耍,汉娜的球跑了,被一位黑人小孩捡到,她竟然当众大声说:"你是黑人,不准你碰我的球。"那小女孩的一家也在场,大人们都十分尴尬。类似的情形又发生过好多次。茱莉自忖绝无种族歧视的嫌疑,却不知女儿从哪里拾得这样的观念。而她更不知该如何教导女儿,以匡正她的错误。她不敢太责难汉娜,深恐孩子会因受罚而生出更深的反黑情绪。

我对这事却有不同的看法,如果处于茱莉的立场,我大概会立刻责罚汉娜。责罚她的理由无他,只因她说了粗话。种族歧视的语言就是粗话,不该见容于一个开明的家庭与开明的社会。不论汉娜的反黑心理如何形成，她首先应该学习的是，歧视的语言是绝对不被容许的。

我相信嘴上不说，是消除偏见的第一步。美国白人中，也有不少的种族主义者，但他们却接受社会的某种"制约"，而在言语与行为上检点收敛。然而在中国社区里，有些高级知识分子仍常当众说出："我们中国人其实都是看不起黑人的。"好像自己这样的大言不惭，才是"不虚伪"的言行一致，一有机会，他们也会笑那些心中有恨却不敢出口的美国人的伪善。但是，所谓"文明"与"修养"，不就显现在一个人能如何控制自己的行为与语言？虽然彻底消除偏见才是至高的理想，但在达到那个理想之前，能遵循某些"勿言勿行"的规范，仍是一种进步。而那"勿言勿行"的默契，也是消除成见的唯一可能与唯一起点。

我也经常被批评为伪善，中国朋友说："我就不相信你心底真正的不嫌弃黑人，有一天你的儿子如果要娶黑人做媳妇，你会高兴吗？"这是一个极端不公平的问题，反对种族歧视是理性上的决策与判断，结交朋友与儿子的婚姻，却是情感上的涉入，两者不能牵扯在一起谈。以我朋友的心态，就算我说我并不在意有黑人媳妇，他们也不可能会相信的。

其实，我的大儿子在初中时，的确有过一位黑人"女朋友"，他时常向我说起她，艾比长艾比短，却从来未提及她的种族。我到很久之后才知道艾比原来是一名黑妞。但那时我只感到欣慰，因为我的儿子从来不觉得她的种族值得一提，也不觉得我这个做母亲的，会因此而大惊小怪。后来又有几次类似的情况，孩子从来不觉得有提及朋友种族的必要。他们这种泰然的态度，使我生出一种乐观的心情，也许这些歧视问题，终能在年轻一辈的手中彻底解决。

我不希望我的孩子患上许多中国人都有的"恐黑症"，偏执地以为黑人都是充满暴力的罪犯。我也不希望我的孩子像许多六十年代时参与民权运动的白人子弟，"唯黑是美"地将黑人的文化做出不合实际的美化。我只希望他们对人的批判永远是基于"个人"的优劣，而不是基于依人种所化约出的卷标。其实，过分地称赞黑人，与过分地歧视黑人，都同样是以种族主义为出发点的偏见。

当年有一位中国朋友很不赞成我把孩子送去那所小学。她的孩子曾在这所学校念过一个学期，她说："不得了！一个学期下来，他讲话和动作完全是黑人的样子。"言下之意，她的孩子已经"变坏"了。她搬离了这个学区，转到邻近房价昂贵且几乎没有黑人的学区。这是个人的抉择，不需置评。但我当时很想反问她："为什么你的孩子讲话和动作全是白人的样子，你就不觉得是个问题呢？"话没出口，因为她也只是为了孩子的利益着想。在白人统领的社会里，说话与动作像黑人，的确是社会地位低下的象征，对孩子的未来有着负面的影响。我的大儿子从小"闻乐起舞"，很有舞蹈细胞。他扭动起来，真像街头黑人跳舞的样子。那位不太同意我选择学校方式的朋友若是看见了，必会一口咬定他是上这个学校而"学坏"了。

由于是学校中唯一的中国家庭，我们的孩子在学校里也引起了不少的注意力。起初的几天，他们带回家来的，尽是一些来自同学的"样板式"的语言:"你们不是住在中国吗?怎么会说英文?""我不敢靠近你,因为你会用武术打死我。"等等。在我的孩子指着他们的手背与白人认同之后,这大概是第一次受到"自己其实是不同"的打击。老二有一天愤愤地对我说:"我不要这副中国脸,也不要做中国人。"我说:"太迟了,你已经生在这个家里面了。长什么样的脸也不是我们可以选择的事。"我认可他的愤怒,因为在这个社会中作为少数民族,的确不是一件容易的事。

这些"焦虑"也在入学后的一两个星期后就逐渐消失。我去学校接他们时,对我这个中国女人指指点点的孩子,越来越少。放学时,看到我的孩子与黑人或白人的孩子勾肩搭背,完全没有肤色的芥蒂时,我真希望画面能停在那个镜头上,但我也知道那只是一副理想却遥不可及的静物画,会像童年一样消失在渐渐长大的时光里。未来有太多的挑战,等着离析他们这没有种族界线的友谊。但我只能相信,这童年的经验,在面对那些挑战时,能给予他们某种支持的力量。

早谢的兰花

她家女孩的名字全都有个"兰"字,她是幺女,取名"美兰"。但是,她却总叫我想起菊花,不仅是因为她略嫌宽胖的身材与震耳的大笑声,令人难有空谷幽兰的联想,也不止是因为她绽笑如满月的脸孔像一朵盛开的菊花,更是因为她的可亲与随和,如一片金灿的野菊花,叫人顿觉温暖。

美兰、四珍和我这三个高个子,高中分班时竟被分在一处。全班五十一名学生,八个人坐一排,正好把我们三个人遗落在教室最后面的三张桌椅上。四珍是家中的第四个女儿——第四颗珍珠。她们两个人的共同点实在不少,自然要好起来,而我这"第三者"多少有点平衡作用,也就同进同出成为好朋友。

四珍与美兰两人都有一流的嗓子,爱唱流行歌曲、艺术歌曲,还有京剧。她们各有一个在京剧界十分出名的姊姊,却都同时抱怨父母送错人了,该去剧校的应是她们自己。她们常在午饭休息时间大展歌喉,合唱的"苏三起解"总引来大批别班的同学,挤在我们教室门口张望。有了观众,她们越唱越猛,早就盖过了扩音器中播放出的"北一女之声"。我至今仍可清晰忆起她们最爱合唱的"问莺燕":"杨柳丝丝绿,桃花点点红。"那甜美的合音,常使坐在第三个位子上的我泫然欲泣。

美兰除了"歌名远播"之外,她的笑声也很出名。她笑起来一无保留,除了声音大得惊人外,还要加上许多猛烈的动作以增效果:先带着椅子前俯后仰,继而手拍大腿敲出节拍。我后来读到《史记》里的"搏髀为节",就想到她。别班同学报告,她的笑声总能穿墙走壁,适时地传到她们的课室里。一次一位国文老师正在骂人训话时,美兰那独特笑声突然传入。那位老师再怎么努力,也拉不下脸去扑灭此起彼落泡冒出的"共振"笑声。我们常打趣地把她的笑与孟姜女的哭相比,两者都可摧毁城池。我生平写的第一篇小说就有美兰的影子,小说的题目取为"倾城倾国",灵感就来自她和褒姒异曲同工的"倾城倾国"之笑。

高二分班时,我们三个人同时选择了文组。更惊人的是,两班合并后,我们又多了三名身高不相上下的伙伴。六个人并肩而行,成了一座引人侧目的"人墙"。人高势大之外,我们又特别嘈杂,常听老师大叫:"后面那几个高个子,安静一点好不好?"警告归警告,却也没有老师敢将我们集体罚站,因为一堵巍巍杵在教室后面的"人墙",势必对他们造成极大的威胁。

我们虽然吵闹,却在各种体育竞赛中为班上赢得不少锦标。至今我仍保存着一大串相撞起来叮叮作响的金银铜牌,可向儿子炫耀。那些奖牌多数是我们几人跑接力赛赢来的。大家忙着联考的高三，我们还拼死命地打破了好几项校运的接力赛纪录。

我们中间，只有美兰体育不行。与她排名第一的学业成绩相比，体育可能是她最差的学科。体育虽然不行，她的体育服装却是我们班上的一大风景。那条上体育课要穿的灯笼裤，早已千疮百孔，一向不修边幅的她也懒得修补。哪里破了，就别上一枚发夹。久之，那条松垮的灯笼裤，坠上了无数的发夹。体育课跑步的途中，她必须时跑时捡，与那些不肯合作的发夹做争斗战。

她修剪头发也和修补灯笼裤一样即兴。所以她那耳上一公分的头发，总有清楚的累累刀痕。最受她崇拜的，是不爱洗澡的竹林七贤。

美兰少提家里的事，我是从别人的闲话中得知她显赫的家世。她邋遢的外表，实在令人难以相信她官宦世家的背景，更难相信她的亲阿姨，就是风靡一时的影星叶枫。

美兰的学业成绩，总是全班第一。她的英文特别出色，难得有不考一百分的时候。她是我们英文老师的至宝。然而黄老师对她的殷切期许，虽是激励的力量，但谁也不会想到，那份过于热切的期望，却将负面地改变她的一生。

高三上学期结束的时候，她因一分之差没拿到第一名，对自己的自信心竟不成比例地从此下坠。她开始出现一些近乎神经质的行为。在几次因为小考成绩不理想而受到黄老师责备之后，她的精神状况就日益恶化了。其实她的成绩也总在八、九十分的范围，但是对黄老师而言，她却只能考一百分。至今，我仍清楚地记得黄老师紧蹙眉头对她叫啸的情形。黄老师的谴责，像一把巨大的锤子，一锤一锤地将她越击越低，最终让她相信自己是个彻底的失败者。

距离联考只有两个月的时候，美兰突然决定休学，不打算参加联考。她荒谬地相信，自己若是参考，必会一败涂地。我们几人费尽口舌，也劝她不动。

为了不让她越陷越深，在最后冲刺的两个月中，我们仍在每个星期六的下午，结伙去她家中，清理她堆积如山的房间，并陪她聊天说话。在这多次的造访中，我从来没有见过她有名的父母亲，倒是和家中来去的副官、司机混熟起来。

联考放榜后，我和四珍、中林及秋瑛考入了同一个大学，她们都在商学系。联考后的那一个暑假我们时常混在一起。在夜大联招报名截止的前夕，我们终于劝动了美兰以同等学历报考。以她的实力，自然一举就进了第一志愿。她那已近崩溃的自信心，终于有了一点转机。开学前，我半开玩笑地警告她："别忘了你还没拿到高中文凭呢！你非得把这个大学念完不可，否则你就只有初中毕业的资历了。"

大一时，她白天无事，就常来我的系上旁听，立刻又成了我们英文老师的得意学生。不久，她恋爱了，恋爱使她变得美丽起来。在我的记忆中，那是她最快乐、最容光焕发的一段日子。我心中为她高兴，想着以往的阴霾都成过去。

几个月后，她在感情上却遭到了挫折，她又再度掉入另一个极大的危机之中。在最低潮的时候，我都不太清楚她是不是能走得出来。她甚至对我说过："我这个人大概永远都没有办法好好地去完成任何一件事。也许只有死亡能让我有一点完成的感觉。"

大二那年,她找了一份工作,白天上班,晚上上课。忙碌反而帮她克服了那分情感受挫的疼痛。我们却也因作息时间各异,而日益疏远。

大四上学期,我突然收到了她的结婚请帖,新郎是个陌生的名字。后来才知道那是一桩家长"安排"的婚姻,她嫁的是位"留美学人",且决定婚后立即赴美。她最终还是没有把大学念完。(多年后我才渐知,她匆促决定结婚时,正经历着另一次感情的挫败,她不智地以为那样的安排,可助她迅速恢复。)

从此,我们真正地失去了联系。我忙着毕业、做事、出国,和她已婚的生活,大概再也挂搭不上了。

八十年代初期,我在加州哥哥家中度假时,却意外地接到了她的电话。原来,她在旅美多年后回台省亲,决心去找老同学,竟到我以前住的社区附近挨家挨户地询问,终于找到了我父母住的公寓。我母亲后来告诉我,开门时只见美兰气喘吁吁,满脸是汗,连话都讲不出来。

好朋友说起话来,几年的时空好似可以一笔勾销。之后的一两年中,我们持续地有着联络。

后来我自己生活中出现一些逆境,竟与全世界宣战,怎么也不肯和任何人联络。那年我住在加州的柏克莱,与她居住的圣利安卓只有十分钟的车程,我却次次过门不入,电话也不打。人在沮丧的时候真是可以六亲不认。然而我每行经她住的小镇，仍有一股深切的想念，伴和着自己那时的愁郁，牵动的是混合着怀旧与乡愁的怆然。

结婚，生子，生活渐渐稳定下来之后，我又恢复了和她的联络。她也有了一个儿子，和我的老二年龄相近，生日只差五天。以后的对话就多数是妈妈经了。我很高兴看她变得婆婆妈妈，孩子至少是一股稳定的力量。

阔别十三年之后，我们终于在圣诞节相约见面。她改变了很多，那张菊花的素面，除了多出浓重的化妆品外，也添了不少严峻的线条。拔去再重新画上的眉毛，完全破坏了她脸上本有的敦厚气质。我们之间的对话全在孩子的吵闹声中完成。她突然问起黄老师，我说从来没和他联络过。她接着说："那时候真奇怪，怎么会让一个人那样地影响自己。"她又说到自己多年来如何幻想再和黄老师见面，她会表现出一点也不在乎的样子。然而从她说这些话的口气中，我敏感地觉得，她竟还没有真正挣脱黄老师在她生命中所投下的阴影。

那一次的重逢，完全没有故事书的完美，却有个"反高潮"的结局。事后我只觉得感伤，生命中的许多事情——包括友情——都不能恒常。在这十三年中，我们已各自活出了不同式样的生命，除了对彼此的关爱之外，已不再有什么共有共享的怀抱。她必然也感受到了同样的失落与遗憾，故也一直没再与我联络。

次年十一月，我接到一封四珍由纽约州寄来的短信："美兰已于上个月去世，我知道消息已有一个星期，没有立刻告诉你，是因为自己心情一直不能平静。希望你不要太难过……"

除了立即的震惊之外，还有太多其他的情绪笼罩着我。和失去近亲好友的人一样，我切身地感到死生之隔的绝对。我打了几个小时的电话才找到了四珍，问出了美兰的死因：她在住家附近的公园里自缢身亡。

我那篇名为"倾城倾国"的小说，是以美兰拒绝联考的事件作为主线，而我却为主角安排了一个跳楼自杀的结局。那样的安排，也并非完全出于偶然。我似乎早已隐约地感觉到美兰性格中强烈的自我毁灭的倾向。我一直不敢把那篇小说给她看，怕给她任何不必要的暗示。那天找到四珍问明事情真相之前，我其实已猜到美兰是自己结束了自己的生命。

在美兰去世后的三年中，我时时被困惑与罪疚的心情包笼。一再自问，如果在最后一年一直与她保持联系，事情是不是有被挽回的可能。各种假设以及假设的结果都是枉然，只令人觉得疲惫。

美兰的先生后来寄来一张她墓地的照片。白里泛青的墓碑上用英文写着："米雪儿李：妻子与母亲。"我想起她曾说过："也许只有死亡能让我有一点完成的感觉。"在墓地外那片寂寞的草地上，我几乎可以想象一朵兰花的静静升起。然而，我是多么心切地想念着一片菊花，在金灿花影的摇曳中，我还能听到那嘹亮的二重唱声，响彻了至善楼老旧的长廊："轻声问莺燕，无限春光容易老，故人何不重相逢……"专注一往的年少声音里，完全没有后来将要发生的故事。

成长的声音

我还在工作的那几年，家里请了一位刚由大陆来美的毛太太，帮着我们照顾两位幼儿。我们相处融洽，却在对待孩子方面，常有不同的看法。其中最引起争执的，就是每次出门，我们必定坚持要与孩子面对面地道别。孩子那时还小，自然每次总引来一场哭闹。最终弄到拉拉扯扯，难分难舍。毛太太对这事十分不以为然。她认为我们是自找麻烦，为何不趁孩子不注意时，偷偷溜掉就算了。由于我们对这原则特别坚持，她也只有每次在一旁摇头咕哝。相处近一年，在这事上，我们仍不能改变毛太太的看法。其实，就是我自己的母亲，恐怕也会站在毛太太那边的。我们小时候，父母离开，也没有要郑重其事地和我们道别啊！

我对这件事的坚持，完全来自在美国所受的"再教育"。老大上育儿院时，家长手册上的第一注意事项，就是绝对不能背着孩子偷偷溜走。与幼儿道别，虽会引起不愉快的拉扯场面，但这些"短痛"，却能长期地建立孩子对父母的信任。不告而别虽然省去了哭闹的场面，求得暂时的安宁，却可能使孩子失去安全感，而觉得父母随时可能弃他于不顾。

"郑重告别"与"偷偷溜走"，虽然只是处理一个情况的两种手段，而其背后则反映了两种文化对待孩子的不同态度。前者暗示对一个幼儿的敬重：把两三岁的孩子，郑重其事地当作一个完整的人来看。后者则暗示对待幼童可以异于对待成人（在讲究礼数的中国社会，"不告而别"不是十分鲁莽的吗？），亦即否认了孩子可能有着独立的情感与知觉。

这个"小孩子懂什么"的假设，使得我们长大的社会中，对待孩子几乎可以完全不循礼数，不讲求礼貌，更不必小心翼翼地怕伤孩子的感情。因而，我们做孩子时，各种近乎残酷，但其实并不好笑的笑话，经常在我们面前讲述。我们之中，有几个人逃过了"你是在垃圾桶里捡来的"，或是"你是医院里抱错的"，这几个"经典"笑话？如果回忆得起，我们之中又有多少人，在那半知半懂的岁月中，信以为真而黯自神伤？我从来不能了解这些笑话在中国社会普遍流行的原因。除了有人认为是父母逃避"性教育"而对"婴儿何处来"的搪塞说辞外，看到孩子信以为真时的恐惧表情，除非有近乎变态的虐待心理，怎可能有任何幽默与趣味？

我在家排行老三，上有一兄一姊。每年夏天吃西瓜时，我的母亲总要半开玩笑地说："你看，只有四个人多好分啊？多了你，五分就难分了。"大家笑着，我也跟着傻笑。心中却觉得她说的多对！我的确是多出来的一个。三四岁的孩子，我却已有了那份对自己存在感到的歉意。加上我的哥哥，姊姊，一向功课好，风头健，我总活不出他们的阴影。母亲的笑话在我脑中转了多年，自己更为那个笑话找了不少好的理由，证明为真。也就觉得自己的生命，其实可有可无，而大概也真是多余的。既是多余，我又怎敢期盼父母的爱？

那年，当我在事业感情各方面都处最低潮时，竟然把多年来积压在心中的委屈与抱怨，一股脑地化为一封封的家信。其中充满了愤怒与指责，好像我一生的不如意，完全源自父母在我幼年时，无心开的几个玩笑。父母对那些迎面痛击的怨言，却保持了沉默。后来回台省亲，在书房的抽屉中，读到了那一系列的家书，真是叫人触目惊心啊！不禁汗颜，自己怎会对父母生出那样大的怒气，也对自己当年的幼稚与不公平，生出了极深的惭愧。我怎能期望父母，在当年经济拮据、温饱才刚能顾及的艰难岁月中，作为一个中西儿童心理学兼通的教育专家？他们对待儿女的方式，其实是来自一个更大更普遍的"种族记忆"之中。生于斯长于斯的他们，对于一代传一代的价值观，又怎可能提出任何质疑？

根据父母描述，我幼时经历过几次危险，却都从死亡线边给拉了回来。两岁时，在地上捡了生锈的纱窗吃，弄到了急性肠炎。医生都已宣布无望，我的父母却仍坚持，数度半夜去敲医生的门，一定要看着我痊愈才罢休。四岁那年，我和哥哥在家无聊，竟突发奇想，两个人各找了两粒扣子，挂在鼻孔上，看谁能吸住扣子，不让落地。求胜心切之下，我大概用了大力，竟把扣子吸进了鼻子里。哥哥去叫大人，邻居的妈妈都闻声而来。一群人拉拉队似的在一旁叫着："擤！擤！擤出来！"我一慌之下，早已忘却本就不太熟练的擤鼻子的功夫，竟死命地向里吸，两粒扣子则越陷越深。母亲当下把我背在背上，冲着医院就跑。当时最近的医院，在数英里外的小镇上，一天只有四五班公车，走起来大概要半小时吧！母亲竟然一步不停地跑到了医院，医生用镊子把扣子挟了出来。邻居通知了爸爸，他也从办公室赶来，一头的汗。我心下害怕，想着大概少不了一顿打了。父母竟然格外沉默，除了几声叹息，就没再提起那事。两岁时的肠炎，我一点也不记得。而对于四岁时的"扣子事件"，我所能记得的，也只是逃过了一场责打。

那年回台，母亲陪我重回儿时故居。走在那条通往小镇的路上，我突然在心中看到三十年前母亲背着我狂奔在这路上的情景。她的脸上写着惊惶，每一步都踩着她可能失去爱女的恐惧。我抱着十四个月大的儿子，眼前忽地一片模糊，心中闪动着深深的自责。我怎可能怀疑一直都在那儿的母爱？就由于童年时几个大人认为无伤的笑话，我竟需等待三十年，走过了半个地球，为人母亲，才在这童年的旧路上，深信不疑地找到了母亲那沉默却一往的深情。

也许出于补偿作用，我绝不轻易开可能伤孩子感情的玩笑。而对他们的爱，也不肯只藏在心里。父母来访时，对我们这样的亲亲吻吻，爱来爱去，很是看不惯。他们认为我们是学了美国人的肉麻。中国人除了认为小孩什么也不懂，不必对他们有太多表情外，也觉得小孩子受太多爱或称赞要折福。爱或称赞的话，只能放在心里。久之，我们却已失去了表达感情的词汇。人与人之间，似乎只有负面或玩笑的话可被接受。正面的，却都是肉麻了。

我自以为从那样的文化中成长，到如今稍能表达自己正面的感情，是一项可以自豪的进步。直到一位美国朋友冷言道："你是假设西方外放的这一套，强过东方内敛的那一套。"讲得我哑口无言。挂在嘴边的爱，真比"尽在不言中"的爱要强吗？脑中闪过的，自然是那些成天不经思索就把"我爱你"挂在嘴上的美国人。那样的爱是真诚的吗？但是，父母对我无私与深沉的爱，藏在沉默与那些近乎残酷的笑话后面，又如何让年幼的我体认呢？不轻言的爱才更真诚吗？由于爱不轻言，母亲不顾一切送我就医的事，使我要到三十年后，才能咀嚼出其中的深意，也因此才能走出三十年来的疑惑与自轻。在不能肯定父母的爱之前，一个人又如何能肯定自己的生命呢？

如何对待孩子，本来就是一种艺术，没有一定的规则，我们这些在中国社会长大，却需要在美国教养子女的父母们，更需面对因两种文化不同而呈现的难题与抉择。中国社会那一套，已在我们意识中根深蒂固。美国这一套，算是新知。在拥抱新知之际，我们不常也有一份挣扎？看看自己，好像觉得父母那一套，也教出了个还算正常的人。而这新的一套，又会有更好的成果吗？儿时的经验，除非特别惨痛，多数不致留下太多痕迹，只有着较为幽微的影响。

以我自己为例，直到今日，我行事的基本动机，仍在如何取悦父母。即使在感情上，亦有着极端的竞争心理：事事要比哥姊多做一些，以好扳回一城，争辩着自己不是多余的一个。在这一味讨好的竞争中，我必然无法真正享受天伦之爱，更失去了坦然接受父母无条件之爱的禀赋。儿时的经验，使我错误地深信，爱永远要用自己的成就去赢得，一直要到自己做了父母，才能相信，父母爱的是子女，而不是他们的成就。

有一本诗集题名为《花开的声音》。这个题目的震撼力，来自我们原都以为花开没有声音。但想想花开这灿烂与戏剧性的现象，又不该无声。小时候中广公司的"快乐儿童"节目里，白银阿姨曾教唱《小黄花》："小黄花啊！小黄花，没有爸也没有妈，自己会长大。"许多人以为成长就像那朵小黄花，是自然而无声无息地发生。其实成长和花开都有声音，只看栽花的人愿不愿意用心去听罢了。

哪一种忠诚？

我们住在香港的那年，因为广东话不行，只好常常用英文充数。好几次，在我转身的同时，竟以我有限的粤语听力，听到了这样的咒骂："长的一副中国脸，却不会说中国话！"起初几次，我只觉得好笑，心中一点也不亏欠地觉得自己其实比他们还会说中国话。然而类似的情形一再发生之后，我就有着愤怒的感觉了。我气他们民族主义中的专断，也气他们自以为是的狭隘。当然，在怒气的背后，我所悲凉地想起的，是我那两个长着中国脸却真正不怎么会说中国话的孩子，以及他们在这狭隘的民族主义之下所可能遭受的待遇。连带地，我也想起了中国社会一贯对个人所强求的无条件的"忠诚"。不管个别的环境为何，只要生为中国人，在没有任何选择之前，就已被强压下了种种的负担。

我当然希望我的孩子能说流利的中文，甚至希望他们能对中国文化有份归属的感觉。但我所希望的那份归属感，除了侧面影响之外，却必定要来自他们自己的抉择。任何人都无法只因他们长的是中国人的样子，就强迫他们要忠于中国的文化。

政治与文化上的忠诚都是极端个人的事,不是像穿制服一样可被规定。

中国人对于"生为中国人"有一套不能寸移地尽忠"中国文化"的要求。然而在定义"中国文化"时,一般人所能列举的,也只是一些极尽浅显的范例,如讲中文、吃中餐、尊重长辈等。在"中国文化"的大旗下,任何违反这些范例的行为,都要被套上"不忠"与"背叛"的大帽子。

然而,什么才是"像个中国人"呢?崇拜中国文化经年的英美人士,初次降落在车水马龙的台北、香港或是上海时,是不是也要手足无措?他们想象中的中国人,在中国现代的大都会里简直无处可寻。他们所想象的中国人,只存在于那些煽情的"神秘东方"一类的传说之中。当洋鬼子指责大嚼汉堡随着摇滚乐打摆的台北人不是中国人时,那人会愤怒地大叫:"你们有什么资格教我怎么样做个中国人?"

西方人也许没有资格教中国人怎么样做个中国人。他们对东方古国的幻灭,只是他们自己的问题。但是,中国人就有资格教别的中国人如何做个中国人吗?那些强求长着中国脸的人就一定要讲中国话的中国人,其实和那些强求中国人附和他们梦幻的西方人,是同样地傲慢无知。

野史记载第一位到英国留学的中国学生,就饱受了外国人"强迫"他如何做一个中国人的折磨:他被强迫非用筷子进食不可,甚至屡次被敬以鸦片。在粗浅且固执的误解下,英国人自以为是地认为中国人本该如此。

两三个世纪后的今天,这种根植于误解的自大仍在演出,只不过换了比较缓和的调子。有多少洋人在娶了中国太太或是嫁了中国老公之后，就坚持自己的配偶停止使用洋名？在他们的执念中，那是十分"不中国"的，即便是，他们的配偶可能和他们一样是生于斯、长于斯，一辈子都在用洋名的道地洋人。谁叫他们长了一副中国脸呢？只要长了一副中国脸，中外人士都将一致公认他们只能讲中文，有中国名字，用筷子……

西方人勤力推行他们梦幻里的中国，那是因为他们对已不存在的中国古文化有份缅想。在他们空虚的现代生活中，"中国"常成了他们追求精神文明的象征。也因此，中国人被派定了要为他们保存那份现代文明早已失去的精致与温和，和他们一样现代的中国人，就要被贬责为"不像中国人"的次类。

相对之下，中国人勤力坚持"中国方式"的动机，却掺杂了许多自卑的心理。天天将"我们中国人如何如何"挂在嘴上的人，反而是对自己的文化最没有自信的人。也只有对自己文化没有自信的人，才觉得有必要去攻击那些不履行"文化义务"的异己分子。这种"义和团"式的心理，和西方人对中国人不切实际的期望，并没有太大的不同。

我儿子的好友卡利夫，长得一副中国脸孔，却有个道地的印度姓氏，与一位百分之百英国血统的母亲。他的曾祖父与祖父都娶了中国女子为妻。所以推算起来，他的父亲已有四分之三的中国血统，他自己也有八分之三的中国血统。他的忠诚该归属何处呢？他的中国长相？他的印度姓氏？还是最强的英国血缘？

我们的亲戚强华虽是百分之百的中国血统，而且出生在台湾,却因随父亲外交官工作的外派而在非洲长大,在美国受教育。她的法文和英文都比中文流利。住在香港十年,她的广东话依然磕磕巴巴。最主要,她从未对中国文化产生过亲和的感觉,反与欧陆文化与生活方式相亲。像她这样长了一副中国脸,却有着不寻常成长过程的中国人,是否该被扣上"不忠"与"背叛"的帽子?

在这日趋复杂与多元的世界中,个人在文化上的忠诚早已超越了"忠孝节义"那黑白分明的简单定义,不仅毫无绝对的准则,更超出了"立法"与"执法"的范围。现代人,尤其是现代的中国人,也许竭尽一生,仍不能清楚地界定自己在文化上的归属与忠诚,别人又有什么权力替他决定呢?

在卜若马(Ian Buruma)《神祇的尘埃》(*God's Dust*)的序言读到这样一段话:

> 至今我仍不能为自己的归属问题找到一个明确的答案,所以我也不能谴责那些尚未寻获他们答案的人们。最该受谴责的,其实是那些硬把自己的答案加在别人头上的人。

糖纸包裹的滋味
——香江旅居记一

上世纪九十年代的初期,外子应香港中文大学邀请,做为期一年的客座教学。我带了两名稚龄儿童,由居住了十多年的美国搬回香港,竟经历了极大的文化震荡,完全不是原以为的回家感觉。除了因为那时的香港,普通话毫不通行而使我有着异人在异地的寂寞之感外,最大的文化震荡,还是来自与美国的对比(不是谁优谁劣,只是对比)。

没去之前虽也计划了很久,在"策划期间",一切都充满了颜色,洋溢着兴奋,因为在那时,现实的衣食住行问题都只是符号与数字,抽象且纯粹。

是在整收行囊的时候,才生出一股对未知的疑惧。动身前的一个月,我半夜醒来,忽然见鬼似的看见自己每日提着菜篮上菜场的模样。生活的现实就一箩筐地掉在自己的怀里了。临行前一直哽在喉头而未吐出的一句话竟是:"现在反悔不去,是不是太晚了?"没有吐出来,是因为知道当然太晚了。中文大学早已安排好了我们的住处,以及外子的课程表。

在美国生活了十多年,早就淡忘了地球另一端的人是如何不同地解决民生问题。比如说：多数人是不开车上菜场的，也因此不能做一星期一次的大量采购。而添置一辆车也改变不了这事的本质，因为多数的菜场是不设停车位的。

这些"思想起"使人十分痛苦，尤其对只在美国当过家庭主妇的人而言，一连串的"顿悟"增加的并不是智能，而是不断涌出的焦虑，盖过了即将旅行的兴奋。

这些生活方式的迥异，也绝不是渐渐地在你面前展现。它们来势汹汹，就像刚出机场迎面模糊掉你眼镜的空气里的湿热，猛烈且毫无保留。

人挤是最先敲在你脑袋上的一枚现实。也因为这个现实，任何事件的复杂性都能庞大到自乘十。在你跌跌撞撞地挤出人群，回到家中，关上房门之后，自来水不能喝，热水不自来等等"残酷"的事实，又一件件地接踵而至。然而更大的"文化冲击"却还不是这些客观的条件，而是日后我们件件发掘出的对人对事的处理方式。套句台北那时正流行的话来说："硬件的调适容易，软件的调适则难。"

我们的"乡愁"（对美国所发）自接风酒宴告一段落，而必须自行打理生活的那一天起，就绵绵生起。这次我们毕竟不是来做观光客的。

因为要在香港停留一年以上，这次来港我们必须申请"工作签证"入关（持美国护照，六个月以内的停留是不需签证的）。猜猜看签证费多少元？成人儿童一律一百五十元美金！我们四口之家，足足花了六百美元才得入关。对我们这户美国中产阶级之家，这已是一大笔额外开销，不知那些成千上万在香港工作的菲籍女佣，要花上多少的时间，才存得下这一笔签证费？

到达香港后的第一要务，就是为两个儿子安排学校。我从一年前起就开始与中文大学附近的几所英文学校联络，并寄出了申请表。送孩子上英文学校的理由，正因他们一句广东话也不懂，上不得当地的公立学校。中文大学附近有三所英文学校，我都曾有书信与电话的往来。当时我最大的忧虑是，这几所英文学校（都是英国系统）完全按照年龄分班。我的大儿子那年十月才满七岁，按照他们的年龄表，他应该上三年级。但在密苏里州以七月为入学划分线的制度下，他才刚刚上完幼儿园，怎么接得上三年级呢？我为此事与几位校长来回写信，并通了数次长途电话，他们却都没有什么"让步"的意思，并坚称一个班上孩子年龄相差过巨，会造成种种问题。这与美国学校强调每一个孩子有自己不同学习步调的态度，实在是南辕北辙。到了香港之后，我才发现，除了孩子分班的问题之外，另外还有一个更大的问题在等着我们——学校都已额满。

令人气恼的是，自始至终竟从来没有人告诉过我，入学申请要人到香港之后才能算数。我们到港后的第二天打电话去学校，那端的人才慢条斯理地说："你们到香港了啊！现在我可以把你们的孩子放在我们的候补名单上啦！他们两人都是候补第十五号。"我当时气得直跳脚。五月间我还曾打越洋电话查询，是否要赶到香港参加第一次的口试（所有英文学校的学生，都要先通过口试才可入学）。那人却对我说："不用急的，我们八月还有一次口试，而且您的公子们都名列我们单子上的榜首，不会有问题的。"我次日即跑去找校长理论。他说这是香港政府的规定，不是他们学校的规定。并给了我几个爱莫能助的微笑。想到自己从去年起就汲汲营营地在办这事，又这么一大早地赶来香港，却只换到这几个没用的微笑，与孩子可能"失学"的茫然，真是灰心得想坐下来大哭。而校长先生仍是十分"英国绅士"地坐在那儿微笑，在他的世界里，天是塌不下来的。

离开美国时，我们清出了不少卡片——各式信用卡、超级市场卡、百货公司卡、图书馆卡、健康保险卡……正觉得自己皮夹里多出了不少空间，却在香港立即找到了替身——各式各样的"证件"：居住香港要有身份证，在中文大学活动要有"教职员证"，住上几天旅馆也要有"居住证"（以为使用游泳池及健身房的凭证）。而申请这些"证件"的过程，却是十分可观的。美国可以与之相比拟的例子只有移民局。

大培去中文大学报到的那天，就得知了他要申请一份"教职员证"，所需文件包括大学毕业证书、硕士文凭、博士文凭，以及结婚证书。除了结婚证书之外，其余的他都拿不出来。别说这次来没带在身边，他根本搞不清那些文凭身在何处（可能在我家阁楼上的某一个纸箱内）。在美国我们从来不曾需要这些文凭。他的教职员证也因这些文件的短缺而迟迟未下，而我们使用图书馆与游泳池的权利，也随那张"证件"，卡在巨大官僚体系的某个关口上了。（我对他想到要带结婚证书，却是十分惊讶的。）

大培一到香港，就关心着他从美国寄来的两大箱书。因为寄出已久，想是应该到了，就急着去系里查询，却只收到两张便条，通知他去沙田邮局领取。原来超过若干磅的邮包是不送上门的。自己去邮局领取邮包，在美国也是常有之事，不足为奇。但这事在香港却有了许多曲折。由中文大学去沙田邮局要坐两站火车，再步行十分钟，这是没车人的处境。有车人的情况不在距离，而在于邮局前不设停车位子。如何搬运两箱重达百磅的邮包，步行至最近的停车场（约在五百公尺之外），可以成为一个智力测验的题目。经过不少精神交战，我们提出的不是标准答案，却是大多数人都会做的结论——非法停车。在车尚未被拖走之前，终将这两箱书弄上了车。我们后来又发现，整个中文大学竟然没有一个邮局，只有一个邮箱可以投递平信；任何比平信稍稍复杂一点儿的邮件，都必须远赴沙田邮局处理。我们也因此明白了传真机在香港风行的原因。

　　这一连串的挫折必然要引致一个巨大的爆裂，这个爆裂发生在我们去办身份证的时候。在香港办任何事都要亲临其境，在银行开户头，也必须两人双双出席，签名护照都不算数。美国签个名寄出去的申请方式，简直是天方夜谭。办身份证这件大事，自然更不例外。那天，我们拖了孩子去办事，由于对地图地址的误解，加上其他拉杂的原因，我们在大雨中走了将近半个小时，才找到了办事的所在。孩子呜呜咽咽，大人火冒三丈，那狼狈之情十分容易想象。办身份证的地方像极了美国纽约或是旧金山的移民局。我们前去窗口说明缘由，那人问我们是不是曾经住过香港，大培大概想制造一点好感，就说他三十年前住过香港。没想到，这竟是他那天所犯的最大错误。既然住过香港,必有旧的身份证;他们给他一张表格要他填上旧有的身份证号码、旧地址等,打算找出他的旧数据。这意味着今天是无法办理申请的事了。他望了望那张表格,大概只有姓名一栏还填得出(请问读者,有谁还记得自己三十年前的住址与旧身份证的号码?),想到要再重复一次今天的跋涉过程,两人都觉得心酸。就在这挫败与疲倦的心情之中,大培竟一怒把那张表格揉成了一团,要不是我拦阻得快,早已进了垃圾桶了。几分钟后,他的怒气才消,只有英雄气短地抹平了那张表格,填上姓名,送入窗口。而他刚才的愤怒表现,却似乎有了一点效果。一位主任级的人员接办了他的申请,十分钟后就把表格送还,写着"旧资料佚失"等字样,容许他当下申请"新"身份证了。

申请的过程冗长,照相、压手印、询问等每一关都得等待。办事人员脸上不但找不到一丝笑容,且都是一片森冷。等着疲倦了,大培忽然说:"早知是这样,就不回来了。"我没说话,这句话他一定憋了很久。沉默了一会儿,他又说:"其实你觉不觉得我们是离开了美国,还在找寻美国,期望每一件事情都和在美国时一模一样?"想起了他刚才愤怒揉纸的动作,以及我自己在校长办公室大吵大闹的情景,脑际浮起"丑陋的美国人"这几个字。美国人最惹人讨厌的,就是到任何地方都坚持别人要有"美国作风",而不懂得尊重别人的制度与做法。大培可能也猜到我在想什么,我们相视一笑,都觉得有些惭愧。

英国作家劳伦斯形容现代人的旅行,像一只苍蝇爬在一枚紧裹着玻璃纸的糖果上面,就算爬遍那枚糖果,也尝不到一丁点儿的糖味。因为现代人不愿放弃自己心中既存的文明与偏见,就算足遍地球,也和留在原地没有什么不同。

我们旅行不就是为了感受世界的多元与不同,为什么又要坚持自己所来处的一切做法呢?

经过冗长的手续,我们终于拿到了一份"临时"身份证。办事员命令式地说:"七月底来领正式身份证,一定要本人亲自来领。"这次我们没有抱怨,强咽下了那句:"为什么不用邮寄?在美国这绝对是用寄的。"拿了临时身份证,拖着儿子走入人潮。出门到现在,一个早上及小半个下午已悄悄过去了。

故乡里的异乡人
——香江旅居记二

住在我们楼上的李如碧、杨守中夫妇,也由美国回中文大学客座一年;更巧的,他们也是从台湾去美国的。在广东话的世界中找到了这样的"普通话的朋友",令人喜极而泣。

他们的一双儿女,也和我们孩子一样读英文学校,广东话都不会说。见面的第一天,如碧就向我抱怨,说她孩子到了香港半年多中文都退步了。乍听之下,难以令人相信。从美国回到一个中国人的社会,竟然会把中文丢了。细想之下,这个现象虽然极富讽刺性,却也十分真实。如碧一家住在中国人极多的新泽西州(守中任职贝尔实验室),当地有十分优秀的中文学校,再加上几家来往亲密的中国朋友,孩子的中文教育环境还算不差。到了香港,他们学的中文不但用不上,也没有一个教普通话的中文学校,或是讲普通话的玩伴,学习的环境就反而不及美国。

如碧又说孩子在香港的英文学校中,也面临一些"社交"上的问题。孩子由于生长在美国,习惯与白人小孩为伍,在学校里也特意亲近一些"英语系统"的孩子。但是由于他们的外貌，白人小孩却把他们归到中国人那圈，不太热衷和他们交往。而中国人那圈的小朋友，除了语言上与他们有隔外（英文学校的本地孩子，下课后都讲广东话），更有许多文化与习惯上的格格不入。他们的孩子成了两面不是人，反而不如在美国时做个稀有的东方小孩，被大家宝贝似的捧着。

未来香港之前，我已想到过孩子可能面临这样的处境，所以听了如碧的话，并没有太过惊异。只是坏的预想成真，心里仍有一点酸楚。其实这种尴尬又岂止是孩子必须面对？我们这些不会说广东话的大人，不也是面临着同样的难堪？

来香港前，许多人都安慰我说，其实香港懂普通话的人口多，不一定非学广东话不可。在香港的实地经验显示：香港还是以广东话为大。几次坐出租车的经验都是这样的：我先用英文（英文到底是香港的"法定语言"之一），却是百分之九十行不通的。我再换试普通话，那更是百分之九十九的行不通。情急之下，我最后就用上了改良式的广东话——普通话外加一点我以为的广东腔，这更是百分之百的无效。多数时候，我还是得使用最原始的"笔谈"。感谢秦始皇，至少中国的文字是统一的。

刚到香港，还有万丈雄心要"打入群众"，学做一个本地人。出租车不搭，偏去搭公车（在我偏执的价值系统中，搭公车是表现融入本地文化意愿的手势）。香港有一种十六个座位的小巴士，是种"亲和性"极高的公共交通设施，因为这种小巴不特设固定车站，下车也不用拉铃示意，而完全靠乘客与司机间的交谈来决定何时与何处停车。然而这种"亲和性"大概只有讲广东话的本地人可以感觉得到吧！我有一天一个人去搭这种小巴，临时从老公那里学了一句："唔该！落车"的广东话，以求可以下得了车。一路默念而去。快到下车时，可能因为过分紧张，这句默念已久的话，却怎么也吐不出来。只好人站起来，想以"肢体语言"传达意思。司机老爷不知是没有看见，还是不爱这套"无声"的语言系统，乃继续前驶。我一急之下，"唔该"这两个字，竟也出了口，大概是因为普通话中没有，反而"吟喝"得出，而后半段的"落车"这两个字，却结结实实地成了普通话的"下车"。这个奇异的"混合语"大概令司机老爷吃了一惊，一个紧急刹车，险些把我摔在地上（小巴只有座位，却没有扶手之处）。我在全车人的注视下，跌跌撞撞地爬下车去，狼狈万分。我的姊夫也在香港待过一年，开始他坐公车时的"下车令"也总引来全车人的目光，后来他不再招惹什么目光时，就知道自己的广东腔很上道了。小巴简直可以作为广东话的"托福"测验场。

在香港的种种"疏离感"，很容易归给"语言不通"的借口。但是在台北，我又何尝不是时时觉得自己是个举止笨拙、挂搭不上的外地人呢？爸妈的邻居见了我们，便一口咬定我们是美国回来的，说我们一脸的"美国像"。两个满口洋腔的儿子，更使我们随时"暴露身份"。生人熟人都要问我们美国这样，美国那样，好像只能和我们谈美国。我惆怅地想起在美国人的圈子中，我们却要谈论中国，才能征信于人！

有一天我和母亲外出，在巷口等出租车。正好碰到一部车停下，等着乘客下车。那个乘客神色慌张地拿了一张千元大钞，想与我们兑换零钞好支付车费（大概司机找不开钱）。我们身上都没有足够的零票。出租车司机一脸不耐烦，而两面的来车，也因出租车塞在路上，而大按喇叭，情势实在十分"危急"。我就问那位乘客是否住在附近，也许我们可以先代付车钱，她改日再送还即可。她说她正住在附近，我想帮邻居一个忙，也是天经地义之事，当下就答应帮她先付车费。没想到车费一共是三百元，实在有点嫌多，但既然答应，也不好反悔。

坐进车后，那位出租车司机劈头就说："你大概是国外回来的吧！"我有点惊讶，我的"美国像"难道真的那么明显？他接着说："台北的人是不会做这种傻事的。"我才想起这三百元有拿不回来的可能，更有被人嘲笑是傻子的难堪。我说："这三百块钱就算我对台北下的一分赌注，因为我对台北人还有一分信心。"

我父母一口咬定我是拿不回这三百块钱了，他们笑着说："就算是你花钱买下的一点台北经验吧！"我做的这件"傻事"很快在亲友之间传开，算是一则饭后茶余的笑料吧！我顿时成了一个因为不懂事而做了错事的孩子，被世故的大人耐心地宽容着。

数天之后，那人竟把钱送了回来，我却没有"终于胜利"的喜悦，反而奇异地感觉寂寞，好像那个人还不还钱都不能证明什么了。

然而，在台北我其实也并不完全憎恨这"不是归人"的角色。台北令人厌恶的事情实在太多，觉得无力改造的自私人（包括我自己），也只有独善其身做个过客了。是谁问过，为什么中国人多的地方,人人都想往外跑呢?

偶尔看了香港导演许鞍华执导的《客途秋恨》(英译的片名是《放逐之歌》,反而更能点出电影的主题)。片中描写三代人环绕着"放逐"这个主题而衍生出的恩恩怨怨:由香港留学英国的晓恩(女儿),由日本嫁到中国的葵子(母亲),以及晓恩由香港回归祖国却碰上"文化大革命"的祖父母。不管身在异乡(如葵子),或是身在故乡(如回归的祖母),在精神上他们其实都是异乡人。而戏外的每一个人,谁又不是呢?

插头的画像
——香江旅居记三

念历史念到秦始皇统一中国,除了军事上的建树之外,统一文字、统一币制等事功,读来都算宏伟,唯有读到统一"度量衡"这节时,不免有着"反高潮"的感觉。统一大业怎么也需要这样婆婆妈妈的细节?芝麻绿豆的"度量衡"怎入得了壮大的史诗?

在极度"标准化"的美国居住了十多年,生活中的"度量衡"已到了眼不见的透明清澈。大至家具建材,小至螺丝钉,都是尺寸分明。东西南北,大小乡镇,无论身在何处,只要言明了规格尺寸,买回家去一定合用。

到了一切极度"自由化"(包括"度量衡"的自由)的香港,才大叹"当时只道是寻常"。原来"度量衡"的统一,才是那么重要的丰功伟业!

没住进中大宿舍之前,先和前任房客见了一面。威尔孙一家从科罗拉多州来中大客座一年。威尔孙太太一见面就和我抱怨这儿的床单及枕头套有一百种尺寸,学校供应的床上用具,没有一样合用。我后来才发现这里的床其实也有一百种尺寸。

"单人床"、"双人床"只是笼统的名目。联合苑住的巴伯,身长六呎四,他的一双巨足,每夜都悬空在床尾之外。"阿妈"房中的单人床,其实比美国婴儿睡的小床,大不到哪里。床的尺寸都不统一,更遑论床单与被褥了。

尺寸不统一的何止于床单枕头呢?日常所用的各种用品也都是尺寸纷繁。信纸进不了信封是常有的事。证件卡的塑料封套也会差了千分之一公分而需要剪剪贴贴。

到威尔孙先生发言时,他除了抱怨这儿阶级意识浓厚,一般人势利眼之外,最后向我们揭露了香港的最大悲剧——插头。为了示范起见,他又搬出了一大箱的插头、延长线与接合器,圆的、方的,少说也有三四十种吧!他摊着手,一副说也说不清的苦楚:"总之,这里的插头会让你疯掉,这一箱插头你们留着用吧!感谢老天,我在美国是不会需要的。不过我并不保证这箱一定够你们用。"

看他这样地捶胸顿足,不免觉得这些白人是被宠坏的小孩,多几个接合器,也需这样生气吗?在美国,我们偶而不也需要一些延长线、三孔换两孔、两孔换三孔的接合插头吗?

事实却比威尔孙先生讲的更要可怕!我们搬进的第二天,威尔孙先生所留给我们的一大箱插头就已不敷使用了。

香港的插座有三孔的与两孔的。这只是大分类。孔的形状却是十分堂皇,不像在美国,一律是狭长的细孔。这儿的插孔不仅形状有异(有圆形、方形、长方形等),更还有不同的尺寸,孔与孔之间的距离,也不统一。学统计学的读者可能有兴趣把这一切的可能性排列组合,看看能有多少变奏。

这还只是插座这一头的故事。电器用品所附的插头也有同样多彩缤纷的式样——大圆、小圆、细长、平行、斜走……插头配插座已是一件难事，再加上偶尔需要的延长线，统计学博士！去算算这样交配的各种可能性吧！

其实也不是没有人试过去总揽这些繁复的排列组合。在店里出售的接合器中，就有企图适用各种不同形状大小者。只见那接合器上刻痕累累——并行线、斜行线、方孔、圆孔……若不是有根电线连接，观光客恐怕会以为这玩意儿是香港特产的纪念品，是个八卦或是脸谱什么的。

你如果只记得插座或插头的形状、孔数及大小，就敢上街购买，那你是太过自信。因为你买回来的可能是你要的三小长孔，但那长方形的长与宽却正与插座的长与宽相左，孔与孔之间的距离也差了十分之一寸。我们就犯过同样的错误！

吃了几次亏之后，不敢再掉以轻心，每次出门购物，我们总是战战兢兢，先用白纸描下插座的形状（不是大致素写，而是在插座上细细地描），再画下电用品插头的形状，才敢去店里找接合器。即使是这样的兢兢业业，也不能保证全不出错。有一次，我们做到了形状完全吻合，却把阴极阳极搞错了。

然而，最令我不能理解的，却是一般市井小民的忍气吞声，至今还没有人大声疾呼要求插头规格的统一。香港人不是智能太高，就是根本不会生气！只有我们这些外来的人在此跳脚！

香港的插头系统会搞到如今这样的情况，却是肇始于香港的"立港精神"——在商业上极度的开放与自由。在管制为零的情况下，各国的制造商都在此地倾销他们的产品。不管规格如何，只要打得入市场，就都可存在。自由竞争原是消费者的福祉，发展到极致时，消费者也要付出代价——包括精神上的虐待。

　　插头所带来的困扰是如此之大，使我竟有一度非理性地希望有个统一度量衡的秦始皇在香港出现。但这出插头的荒谬剧，其实就是香港难题的缩影。华洋杂陈的多元，在某方面是香港最能引人之处，却也可是问题丛生的根源。极端的自由及开放，常与混乱毗邻而居，就如同极度的标准化，与专制也只有一线之隔。

未完成的巴别塔
——香江旅居记四

表姊夫是在香港长大的广东人,和表姊结婚之后,为应付众多的裙带亲友,只好辛苦地学普通话。他闹出的笑话可以斗筐计。表姊最爱拿出来说的是这一则:他们有一次在讲普通话的人家做客,表姊夫帮忙摆桌子,却发现少了一只碗,急急跑进厨房,对着手执锅铲,满脸油烟的女主人就说:"请你给我一个'吻'。"女主人大惊失色,不知如何处置这天外飞来的"艳福"。还是靠肢体语言,及其他笑弯了腰的客人才解的围。

余光中的散文《鸡同鸭讲》中,也有这样一段:

广东话中的"久"和"狗"同音。有一次余先生把一个外地朋友介绍给一位广东朋友。这位广东先生连忙用普通话客气地说:"狗养!狗养!"

我们这些说普通话的人,最爱听这些广东人闹的笑话,简直到了乐此不疲的地步,又自大地说:"天不怕,地不怕,就怕老广说官话。"等到住在香港之后,才发现自己是站在"彩虹的另一端",开始牙牙学起广东话来。而广东人对我们这些"官人"凑合起来的广东话,怕也有同样的恐惧吧!外国人学中文最难的地方,是那"平上去入",因为这是拉丁语言中没有的、以音调辨义的特色。"妈麻马骂"四个声音,他们听来全都一样。要他们说"妈妈骂马"他们极可能给你说成"马骂妈妈"。同理,我这个只懂"平上去入"四声的普通话讲者,面对"九音粤语",立即觉得"无音可恃"了。广东话中的"吃"和"死",我永远分不出来。"死人"又和"西人"(外国人),听来差不多。在迷信特重的广东人中间,我是绝对不轻易问人"吃过了没有",因为我毫无把握是不是说成了"死过了没有"。

中秋节去为孩子买灯笼(香港提灯不在元宵,而在中秋)。店员指着灯笼说:"这个不可以'洗'。"再指着放在灯笼中的小电筒说:"这个可以'洗'。"我心想,告诉我灯笼不可以洗,虽然有点多余,但至少还算合理,却实在迷惑电筒该怎么洗法。搞了半天,才弄清楚她说的是:"这个不可以'试',那个可以'试'。"

普通话和广东话的纷纷扰扰,其实只是香港杂乱语言系统中的"小宗"。香港的另一个法定语言是英语。而英语在香港却可有印度英语、澳洲英语、爱尔兰英语、苏格兰英语……还有"本土化"的粤式英语。在香港的"英语人士"之间,大概也流传着不少因为不同"版本"的英文所造成的笑话吧!

中文大学的课程表中,在每一位教师的旁边都要加注"使用语言"一项。外子刚来时不能决定究竟使用哪一种语言授课。中大所允许的三种语言,英文、普通话、广东话,他都能说。使用英文对他来说最不费力气,普通话次之,粤语殿后。

他原野心勃勃,想使用本地语言。系主任却在聆听他的几句广东话后,暗示他最好打消此一念头。他最终还是用了英文。因为学生在不得粤语的情况下,情愿要英文,也不要普通话。但是一般学生的英文程度还是不行,听课勉强可以,要问问题时,就只能用广东话了。他们的课室于是土语来,洋腔去,一片"鸡同鸭讲"。

由于语言纷烦杂沓,"语言代表身份"这句话,就在香港得到了最道地的证明。虽然百分之九十的人口使用的是粤语,但英文却是最被器重的语言。香港的中小学校,若是不在校名上加上"国际",或是"英语"两字,大概可以准备关门了。以前几所极好的中文学校(如人才辈出的培政中学),如今越发收不到好学生了。

而像我这种美国回来却只能说普通话的人而言,身份也是极其暧昧的。在不同语言的使用之间,就可得到极其微妙的不同反应。一位本地的好朋友劝我说:"你的普通话太标准,没有台湾口音。如果有一点台湾口音还好,香港人现在是比较看得起台湾来的了。"说穿了,这一切也不过是每个中国社会中都有的势利与现实。只是在香港这个地方,南腔北调,华洋杂陈,更把这些价值观凸显出来了。

但偏见其实也来自四面八方。英文的《南华早报》上,曾刊载过一封附着洋名洋姓的读者来函。此君大言不惭地称粤语是世界上最难听的语言,并"自豪"地宣称,他在香港居住十年,仍然说不来这套听来像吵架的语言。然而信中他所抱怨的竟是英文在香港不够普及所带给他的种种不便。这虽是西方人的傲慢发展到极致的例子，但与来自不同区域的中国人间的相互诋毁，却也有本质上的相仿。

在香港，多数时候我是用英文的。也许我也有一点媚俗，既然英文能得到较多的便利，与较高效率响应，为何不用呢？更主要的是，懂英文的人实在要比懂普通话的人多。

有一次我在"必胜客"用餐，和服务员讲的全是英文。那位小姐却对我极端的不客气，我后来用我有限的粤语听到她和另一位服务员说："长的是中国人的样子，却不会说中国话。"我面子上当然很挂不住，也很委屈地想对她说："谁说我不会说中国话？只是我的中国话不是你的中国话罢了！"

旧约"创世纪"中有一座未完成的巴别塔，是巴比伦的先民为要达到天堂而造。耶和华为惩罚人类自以为能到天堂的傲慢，而使建塔的工人各操不同语言。由于彼此不能相互沟通，巴别塔亦无完成之日。

在世界已小到一个"地球村"的今日，人与人之间的距离是否也同步地在缩小呢？尽管地球表面的生活越趋一致：观看同样卫星转播的新闻，快餐企业统一制作的食品，光顾连锁跨国的零售店……但和语言一样根深蒂固的偏见与价值系统，却自旧约时代就亘古地区划着人类。巴别塔终究只能是个无法被完成的空中楼阁吧！

熙攘的人世
——香江旅居记五

刚到香港没几天,就必须去机场接半夜到港的嫂嫂。那时我们还住在港岛西南端山巅上的一座旅馆里面。从那儿过海到九龙,再去机场,是段颇为曲折的行程,尤其对于还需捧着地图找路的我们。最"旅客式"的解决办法,自然是叫辆出租车,一路行去即可。我那天却正好有着"打入群众"的心情,决定先坐旅馆的专车到天星码头,再乘轮渡过海到九龙的尖沙咀。从尖沙咀听说是有巴士去机场的。

等我坐上过海的轮渡时,已是夜间十点以后了。轮渡上却仍有半满的乘客,仍是熙熙攘攘,人语喧然。在海上望着香港岛与九龙岛上相互争映的各式巨型霓虹彩灯,我突然生出一股暖滋滋的喜悦——这是何等繁华与热闹的人世啊!世界上还有什么地方,能让我单身一人在夜间十点之后,下山过海,安稳地在人群中你推我挤地看热闹?

大概就是从那时起,我这来自美国宁静中西部的旅人,就对香港这分独特的热闹,时时心存感激。(虽然有时我也不能避免地像大部分美国回来的人一样,抱怨着此地的拥挤与嘈杂。）在这心脏鼓动不息的美丽城市里，我很难再回想起自己寄居了十多年的圣路易城，是如何的沉静，也都忘了县城克莱登十字路口的红绿灯，过了晚上七点，就只对偶尔行过的车辆闪烁着"自行定夺"的黄灯，红绿灯已是不需要了。大房子相隔很远的街上，一个行人也找不到。

一个雪天里，我就曾在那沉静县郊的一所大房子里，读着张爱玲的《流言》。一篇只有四五百字的短文，记录着电车上三个女人的对话，三个女人交互抱怨着自己的丈夫、儿子。女人的世界，说来说去都离不开男人。我读时的感觉却是"无关男女"的，只深切地想念那种能在人群中侧耳听到别人对话的生活。

在香港，我又找回了那样的日子。虽然周围的人讲的是我还不十分熟悉的粤语，记录不成什么像样的故事，但这人声吵嘈的世界，却处处充满了名为"寻常"的戏剧。粤语吟唱似的阴阳顿挫，加上偶尔掉出的几个熟悉字眼，更为这一出出升平的人间剧，平添上了不少风情。

由罗湖开出的火车上，常看得见才从边界过来的人。提着大包小包的年轻夫妇，怀中却宝贝似的捧着一个婴儿。火车上也有才放学的小学生，成群结队地发出很大的声音。旺角店铺前的走廊上，有端着一碗饭，边走边吃的男人。另一家传出饭香的小杂货店的门口，有个母亲正坐在小板凳上，为她三四岁的女儿掏着耳朵——中国人的生活，大剌剌地放在门口，写在街上，不必关了门，藏到深深的宅院里去。

在沙田万头攒动的购物中心里，我不止一次地想起，为什么中国的文学中,少有形而上式的讨论与探索灵魂一类的作品:在这方圆几尺之内必碰到人的世界中,哪有足够的个人空间,去沉思这一类的问题?在人海浮动的中国文明里,人人所关切的,自然是极为现世的"人伦"问题了。

中国社会中长大的我们,大概都憎恨过那些粘答答却甩也甩不掉的众多人际关系。而一旦挣脱了这蜘蛛网似的纠缠,在窗明几净的美国大宅院中过起生活之后,又有多少人能从不怀念那人推人挤,人声喧哗的人世?与在那热闹却不十分洁净的街道中,可以不必有太多顾忌的放肆?

夏天在台北和老同学相聚。美娟是在母亲骤然去世之后,毅然和夫婿放弃了西北大学的教职返台定居。她说:"总不能每次回来都是奔丧吧!"回来了两年,她神采飞扬,比在美国时更为精神。她后来常常喟叹:"真不懂自己,怎么会在美国挨了那么久。"德威任教哥大,每年总要回来很多次。他说每次看到台北的人群,就有说不出的高兴。我笑他说:"要看人,你在纽约还没看够啊?"他回答说:"不一样的。在纽约的人堆中走反而觉得寂寞,因为觉得那些人和你一点关系也没有。"

我在香港的大街小巷中,时常想起老同学的话。于是能在黑发黄肤的人群中不受注意地行走这件稀松平常的事,却也奇迹似的使我突生哽咽之意。